江苏地方文化名片丛书

丛书主编 刘德海 · 本卷主编 王国中

无锡工商文化

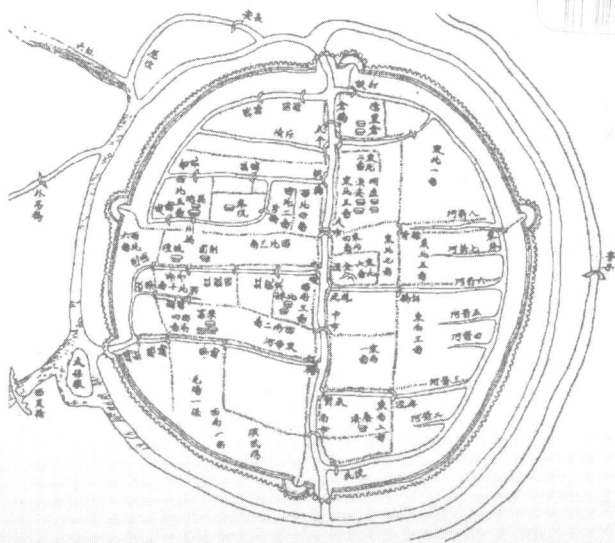

南京大学出版社

图书在版编目(CIP)数据

无锡工商文化 / 王国中主编.—南京:南京大学
出版社,2015.12

(江苏地方文化名片丛书 / 刘德海主编)
ISBN 978 - 7 - 305 - 15924 - 4

Ⅰ.①无…　Ⅱ.①王…　Ⅲ.①工商企业-企业文化-
江苏省　Ⅳ.①F279.275.3

中国版本图书馆 CIP 数据核字(2015)第 228877 号

出版发行　南京大学出版社
社　　　址　南京市汉口路 22 号　　　　邮　编　210093
出 版 人　金鑫荣

丛 书 名　江苏地方文化名片丛书
丛书主编　刘德海
书　　　名　无锡工商文化
主　　　编　王国中
责任编辑　许秦竹　荣卫红　　　　编辑热线 025 - 83593963

照　　　排　南京紫藤制版印务中心
印　　　刷　常州市武进第三印刷有限公司
开　　　本　787×960　1/16　印张 12.25　字数 182 千
版　　　次　2015 年 12 月第 1 版　2015 年 12 月第 1 次印刷
ISBN　978 - 7 - 305 - 15924 - 4
定　　　价　28.00 元

网址:http://www.njupco.com
官方微博:http://weibo.com/njupco
官方微信号:njupress
销售咨询热线:(025)83594756

《江苏地方文化名片丛书》
无锡工商文化

主　　编　王国中

副 主 编　李祖坤　庄若江

位于梅村泰伯故宅的泰伯庙

今天的"梅里古都"成为锡东梅村地区一个热闹的所在

江南三月，鼋头渚樱花烂漫，一片粉色云霞

荣氏当年创办小学已有百年历史，仿日式风雨操场被保留至今

永泰丝厂,初为薛南溟、周舜卿1896年创办于上海,
1926年从沪迁锡,现为丝业博物馆

今天华西村一隅和美轮美奂的夜景

无锡城市水名片——生态蠡湖风光

形成于明代、华氏望族聚居的荡口古镇

总 序

赓续江苏人文精神之脉

王燕文

　　文化自觉支撑国家民族的兴盛,文化自信激发社会进步的活力。习近平总书记深刻指出,中华优秀传统文化是中华民族的精神命脉,是涵养社会主义核心价值观的重要源泉,也是我们在世界文化激荡中站稳脚跟的坚实根基。高度重视文化建设,大力弘扬优秀传统文化,是历史和时代赋予的责任担当。

　　一方水土养育一方人。江苏地处中国东部美丽富饶的长江三角洲,山水秀美,人杰地灵,文教昌明,有着六千多年有文字记载的文明史。在漫长的历史演进中,这片文化沃土不仅产生了众多的闪耀星空的名家巨匠和流芳千古的鸿篇巨制,而且孕育了江苏南北结合、兼容并蓄、博采众长、和谐共融的多元文化生态,形成了吴文化、金陵文化、维扬文化、楚汉文化和苏东海洋文化五大特色区域文化。绅绎这一颗颗文化明珠,光彩夺目,各具特质:以苏、锡、常为中心区域的吴文化,聪颖灵慧,细腻柔和,饱蘸着创新意识;以南京为中心区域的金陵文化,南北贯通,包容开放,充盈着进取意识;以扬州为中心区域的维扬文化,清新优雅,睿智俊秀,体现着精致之美;以徐州为中心区域的楚汉文化,气势恢宏,尚武崇文,彰显着阳刚之美;以南通、盐城、连云港为中心区域的苏东海洋文化,胸襟宽广,豪迈勇毅,富有开拓精神。可以说,不同地域文化在江苏大地交融交汇,相互激荡,共筑起江苏厚德向善、勇于进取、敏于创新的人文精神底蕴。

　　多元文化,共生一地;千年文脉,系于一心。地方文化是区域发展的文化

"身份证",更是整个中华民族的文化基因,展现了我们优秀传统文化生生不息的创造力。在构筑思想文化建设高地和道德风尚建设高地的新征程上,我们要以科学的态度对待传统文化,坚持古为今用、推陈出新,有鉴别地加以对待,有扬弃地予以继承,进行创造性转化、创新性发展,将其中积极的、进步的、精华的元素予以诠释、转化和改铸,赋予其新的时代内涵。只有以文化人、以文励志,力塑人文精神,标高价值追求,提升文明素养,才能涵育出地域发展令人称羡和向往的独特气质。只有以敬畏历史、服膺文化之心,精心保护地方文化遗产,充分挖掘地方文化资源,切实加强地方文化研究,才能传承赓续好人文精神之脉,增强人们对家国本土的文化认同、文化皈依,与时俱进地释放出应有的价值引导力、文化凝聚力和精神推动力。

令人欣慰的是,省社科联和各市社科联以强烈的责任感使命感,组织省内有关专家学者协同编撰了13卷《江苏地方文化名片》丛书。丛书按13个省辖市的行政区划,一地一卷,提纲挈领,博观约取,独出机杼,既总体上为每个市打造一张具有典型性、代表性的文化名片,又个性化呈示各市文化最具特色的亮点;既综合运用历史学、社会学、经济学和文化学等多学科视角,对富有地方特色的文化资源进行了系统梳理、深度挖掘和科学凝练,又以古鉴今,古为今用,面向未来,做到历史与现实、理论与实践的交集,融学术性与普及性为一体,深入浅出,兼具思想性与可读性。丛书的推出,有裨于读者陶冶心灵,体味地方文化历久弥新的价值,也将对江苏传统文化的传承与研究起到积极示范作用。

不忘本来,开辟未来。植根文化厚土,汲取文化滋养,提升人文精神,促进人的全面发展和人的现代化,这是江苏文化建设迈上新台阶、实现"三强两高"目标的责任所在。我们要进一步加大力度推动江苏优秀传统文化、地方文化在保护中传承,在传承中转化,在转化中创新,让丰沛的江苏历史文化资源留下来、活起来、响起来,着力打造更多走向全国乃至国际的江苏文化名片,为"强富美高"新江苏建设提供生动的文化诠释和有力的文化支撑!

(作者为中共江苏省委常委、宣传部部长)

目录

序

王国中

　　无锡，一座美丽的山水名城，人文荟萃，历史悠久，经济发达，素享"太湖明珠"和"小上海"的美称。历史上的无锡，曾是吴文化的重要发祥地，泰伯奔吴，驻足梅里，开疆拓土，汇通百渎，教化先民，在荒蛮的土地上成就了勾吴古国的崛起，无锡一度成为春秋吴国的政治中心。

　　历史的车轮驰入近代，无锡成为中国民族工商业的重要发祥地，从1895年第一家近代企业——业勤纱厂创办，到1937年抗战前夕，在四十余年的时间里，无锡从一个普通江南小县，一跃成为全国六大工商强市之一，工业生产总值列全国第三，产业工人数仅次于上海，在中国近代化进程中最早完成了跨时代的转型。无锡自此成为中国近代民族工商业的创业高地，荣德生、荣宗敬、杨宗濂、杨宗瀚、薛南溟、薛寿萱、唐滋镇、唐殿镇以及周舜卿、王禹卿、祝大椿、杨翰西等一大批民族工商实业家，以他们成功的创业实践，共同成就了无锡工商经济的百年繁华，同时也形成了独具特色的无锡工商文化。尚德向善、敢于创业、善于经营、义利兼顾、灵活开放、务实进取、崇文重教、善用人才、回报社会、造福桑梓，这些优秀的工商文化传统对无锡的崛起、发展，对整个中国社会的近代化转型都产生了巨大的推动作用。

　　作为诞生于近代的一个庞大实业家群体"锡商"，其崛起是时代历史的外部环境和自身内因完美融合的结果。一战后，西方列强稍稍放松了对华侵略，锡商敏锐抓住机会，快速起步，抢先奠定了工业基础。20世纪30年代初，全球性经济危机刚过，锡商们再次抓住机会寻找空间，快速扩张，跻身群雄。二战结束以后，日寇刚刚被赶出中国，锡商们立刻修旧利废，重整河山，再创佳绩。回眸民族工商业的艰苦创业过程，虽然外部环境十分恶劣，但锡商们却善于审时度势，把握机遇、夹缝求存、绝处逢生。尚利而崇德，开放而务实，灵活而坚韧，正是锡商能够立于不败之地的真谛。

新中国建立后,"实业兴邦"的理念引领着无锡经济不断创出新的奇迹。"文化大革命"动乱期间,全国经济陷入一片萧条,但无锡的 GDP 却在十年中翻了两番半。70 年代后期,灵动智慧的无锡人敏锐地抓住改革开放的第一个历史机遇,大胆探索,创造出一种新型的经济体——乡镇企业,被誉为引领经济发展的"苏南模式",使无锡当仁不让成为中国乡镇工业的发祥地。乡镇企业的异军突起,突破了当时计划经济的束缚,加快了区域工业化的步伐,无锡进而通过利用国际国内两种资源、两个市场,建设各类经济技术开发区,走出了社会主义市场经济发展的新路,成为国内现代制造业和商贸服务业并举的重要经济中心城市。

超越性的工商文化是历史留给无锡的丰厚馈赠,百余年来令无锡人在事业的开拓上表现出超绝的敏锐和勇气。从 20 世纪初民族工商业的崛起,到改革开放之初市场经济的探索;从乡镇企业的发轫、苏南模式的创立,到新世纪率先进行产业结构调整、经济转型,都与这片土地潜隐的历史文化传统有着深切的关联。

回望无锡的千年文明、百年繁华,可以说,工商文化是无锡的一块鲜亮的品牌。这一独具特色的优秀文化,在过去、现在和将来都是激发无锡创业创新的深层动力。因此,要深入挖掘、研究无锡工商文化的传承脉络和精神特质,不断擦亮这一文化品牌。要加强对无锡工商文化遗产的保护利用,弘扬工商人文精神,展示城市魅力神韵,并结合时代要求,提炼新时期工商文化的理念和精神,激发全民创业、万众创新的内在活力,构筑稳增长、调结构、促发展的新优势,不断推进率先基本实现现代化的伟大实践,为建设"经济强、百姓富、环境美、社会文明程度高"的新无锡提供强大的精神动力!

（作者为中共无锡市委常委、宣传部部长）

前言

太湖明珠　工商名城——无锡

太湖佳绝处，运河绝版地，千年古吴都，百年工商城——无锡这座太湖畔闪亮的明珠城市，自古就是山水甲地、鱼米之乡，更是吴文化和民族工商文化的发祥地，山水相依，动静相宜，刚柔相济，经济强劲，构成了无锡文化的独特魅力。

无锡之美在太湖，无锡之强在经济。

在结束了古吴国那段辉煌之后，无锡居于县之地位，2000 年来默默无闻。之所以能在近代一跃而起，摆脱地位之羁绊，一方面得益于山水的滋养，另一方面得益于民性的开通、灵活与务实，方能在上世纪初那次千载难逢的历史机遇到来之际，潇潇洒洒地起步。无锡的性情，有着踞太湖而怀天下的豁达包容，有着江南园林的自然机巧与流金泻玉的灵动婉转，有着贯穿南北穿越古今的古运河的畅达开通，其境界别有一番天地。

无锡之所以能脱束缚而出，更要拜 19 世纪末 20 世纪初那场彻底颠覆中国传统文化的革命的洗礼所赐。无锡从一座小县城快速崛起乃至成为工商强市，既要归功于那场革命培养出的中国最早一代洋务思想家薛福成等，是他们发出了"发展工商"、"富民强国"的声音，在革命大潮中推动了新思想的引进，使无锡最早迈入城市转型之列，率先完成城市近代化进程。更要感谢那一代精明务实、开拓进取的实业家群体,是他们改变了这座县城的面貌并重塑了小城气质,中兴了无锡的水岸码头,培育了这座城市通达包容的气质。

无锡古老而又年轻。

说她古老,是因为早在 3200 年前,中原周泰伯为让王而南奔至此,建立了勾吴古国,无锡由此成为吴文化的主要发祥地。作为国家级文物考古重大发现的鸿山遗址与阖闾古都遗存,是那段传奇历史和勾吴兴废的见证。3000多年的历史赋予了无锡悠久而深邃的文化底蕴,也为城市发展积蓄了厚重的千年之力。在历史的漫长演进中,无锡在继承吴地文化传统的基础上,一路吸纳着楚越文化的绚烂,熔铸着河洛、齐鲁文化的滋养,逐渐形成了自己特有的灵动智慧、开放包容、义利兼顾、务实进取、刚柔相济的文化特质。

说她年轻,是因为无锡是一座崛起不过百余年的现代工商业城市。经历汉初以来 2000 年的隐忍沉默之后,终于在近代赢得了崛起的契机。1895 年出现的业勤纱厂,在江南拉开中国民族工商业的序幕,短短数十年,便将无锡从一个县制小城提升为以经济活力著称的工商名城。在近代工商文化和现代科学文明的浸润熏染下,年轻的无锡爆发出巨大经济能量,凸现出鲜明的现代气质和夺目的工商文化个性。

无锡有着悠久的吴文化传统,这是一种充满灵气、鲜活生动的文化,吴人灵动智慧、长于纳善、善于包容的文化特质铺垫了无锡文化的基础。春秋战国时期,各诸侯国之间战事不断,彼此消长,作为后起之秀的吴国从小到大、从弱到强,一度成为"春秋五霸"之一,为厚重的吴文化涂抹了绚烂的一笔。公元前 473 年,吴国为越国所灭,后又归入楚国的版图,国家重组也带来文化的深度融合,政治的此消彼长、国与国的对抗,反而促进了文化层面的交流互渗,清健秀逸的吴文化由此多了越文化的坚韧刚毅和楚文化的浪漫瑰丽,文化的融会碰撞,熔铸了无锡特有的人文精神。吴地精美绝伦的丝绸与锋利无比的宝剑,刚柔相济,可视为文化交融整合后无锡文化最具特色的标识。多种文化形态的聚合,既培育了无锡人心灵手巧、秀外慧中的一面,又昭示了无锡人文心侠胆、务实刚毅的一面。

新中国建立后,随着经济实力的增强,无锡逐渐成为江南地区重要的区域性的政治、经济、文化中心城市,20世纪改革开放之初就列入15个重要经济中心城市,经济发展综合实力始终处于全国城市第一方阵,至2014年无锡人均GDP仍位于全国城市第二位。

　　无锡是一座既古老悠久又年轻富于活力的城市,无锡的得天独厚,正在于其兼而有之。远古时期吴文化与中原文明,传统农业文化与现代工业文明,在这片热土上实现了完美的汇合,无锡文化就这样孕育、生长、衍变、嬗变、创新、升华,以令人瞩目的姿态展呈于中华文化的圣殿。

　　强劲的经济特征一直是无锡文化的突出特质。在经历了农业文明、前工业化和准工业化之后,无锡率先进入了较为发达的商品经济阶段,不仅大胆创造了具有阶段性典型意义的"苏南模式",而且在现代化发展道路上持续迈进,经济发展优势从未减弱,这一切与其深厚的工商文化渊源和优秀的工商文化质素血脉相连。几千年文化传统极端轻视工商,这种观念严重妨碍了中国的经济发展和科技进步。直至外辱频繁的近代,国人才开始认识到自身文化的缺陷。在传统观念的艰难转型中,无锡人却显示出一种在其他中小城市不多见的、群体的开放性和灵活性。

　　因此,无锡文化虽然多样,但最具城市个性特色的,就是工商文化。它继承了传统文化的历史精华,吸取了工商文化的现代要素,熔铸为城市文化最典型、最鲜明、最突出的特质。在近百年的历史进程中,无锡加速发展,并率先进入小康社会阶段,不仅跃上现代工商业城市的前位,而且继续保持迅速发展态势,深究这一切,都与文化精神质素中的工商文化血脉相连。

　　无锡的工商文化熔铸了吴文化的精华,是一种善于审时度势、长于吐故纳新、富于创造活力的新型工商文化,也是一种敢于创业、善于经营、务本求实、经世致用的文化,这令无锡和无锡人获益匪浅。

　　无锡工商文化是一种灵动机智、开放包容的文化。近代以来,无锡凭借水陆交通的天然优势,北联南京、镇江、常州,南接苏州、上海、杭州,传统自然经济解体最快,受大上海经济文化辐射影响最直接,近代化历程起步最早,各种文化因素杂糅交织于一身,在社会转型时期,最先敏锐感知时势变化,从而最快抓住机遇、顺应时代而快速崛起。无锡近代经济的勃兴,一方面受到洋务运动的影响,另一方面来自上海的带动,敏察而善纳,开放而不封闭,参与竞争而不垄断,是无锡的文化优势,也令无锡大受裨益。

灵活机智和务实开放的作风,造就了近代以来无锡最激动人心的两次经济飞跃:一次在19世纪末20世纪初,另一次在20世纪80年代。第一次飞跃是建立在商业大流通和由此而来的思想及眼界的大开放基础之上的民族工业的崛起,它大大提升了无锡的城市地位,使无锡的经济实力跃升至全国工业城市第五位,成为中国民族工商业的重要发祥地。第二次飞跃是中国改革开放初期无锡乡镇企业的快速成长,使无锡一举成为中国改革开放发展过程中的一个耀眼的亮点,两次经济飞跃奠定了无锡在全国经济发展格局中举足轻重的坚实地位。

无锡工商文化灵活机智、善抓机遇、开放进取的特征,与无锡人性格禀赋中的“务实”相辅相成、相得益彰,成为地域文化性格中的最佳互补,并充分地体现于无锡的实业家群体,在城市发展中,这一文化特征更是表现得淋漓尽致。无锡民族工业之所以能在恶劣的社会环境中生存发展壮大,是因为实业家的聪明智慧,也是优秀文化的胜利。

无锡工商文化还是一种崇尚道德、注重回报社会的文化。虽趋利而能义利兼顾,带有鲜明的道德取向和儒商特质。实业家重义诚信、积极造福乡梓,成为无锡工商文化的突出亮点。

无锡的工商文化,对中国民族工商业的发展乃至全国经济发展产生了巨大影响,为苏南的现代化提供了巨大推力。城市地位因此提升,产业工人大幅增加,百姓生活不断提高,城市面貌得到改善,有效促进了城市现代化的进程。

无锡文化多元而瑰丽,其主流由悠久厚重的吴文化和灵活进取的现代工商文化融合而成,灵动机智中暗蕴着稳健轩昂的精神,变化流动间充溢着坚韧不拔的进取精神,务实质朴中包容着不断追梦的取向,从容端方中涌动着开放吸纳的渴望,自足安逸中不乏变革创新的要求,讲求功利、注重实效而又不乏道德追求,这样的文化,正如山水相依、风云际会,既有山的沉稳,又有水的灵动,神奇地交织交错,相辅相成,水乳交融,浑然一体,散发着迷人的魅力。

第一章

溯源：吴地文化的

悠远脉络

〰〰〰〰〰〰〰〰〰〰〰〰〰〰〰〰〰〰〰

美丽的江南水城无锡，是一座既古老又年轻的城市。说她古老，是因为自泰伯奔吴在此建立勾吴部落算起，迄今已有 3200 余年历史；说她年轻，是因为无锡在近百年中才真正崛起，浑身充满了朝气与活力。

图 1-1　美丽的江南水城无锡

公元前 10 万年左右,无锡一带已有人类活动。在先吴时期经历了三山岛旧石器文化、马家浜文化、崧泽文化、良渚文化和马桥文化的洗礼,直至 3200 年前,因周部落泰伯、仲雍兄弟让王南奔,驻足梅里,筑城守民,汇通百渎,创立勾吴,才开启了无锡历史发展的新篇章。

第一节 悠久厚重的吴文化

一、泰伯奔吴 始有勾吴

公元前 506 年,一场漫天大雪覆盖了大别山与桐柏山,驻扎于两山之间的楚军正沉浸在睡梦之中。突然,杀声四起,火光冲天,吴军三万精锐似从天降,杀得楚军措手不及。刀光剑影染红了满地积雪,也燃尽了强楚之威风。吴军以奇袭战术长驱深入楚境千里,势如破竹,五战五捷。在滚滚硝烟和吴军马蹄声中,楚昭王仓皇而逃,离开了郢都。这便是历史上著名的"吴师入郢"。

被视为"以卵击石"的吴攻楚以完胜告终,战争的结局震惊了华夏大地。人们百般猜测,吴国这一东南蛮夷小国,何以能击败沃野千里、雄兵百万的强楚?这片东南荒野之地究竟蕴藏着怎样强大的力量?

勾吴古国的中心地带在长江下游,以太湖为核心,即今江苏南部、浙江北部和上海全境,与长三角区域大部分重叠。据考,太湖流域原始居民为古越人,早在五千多年前,这里就有大面积水稻种植,有雕刻精美的玉器,陶器上留下了独特的刻画,形成了著名的"良渚文明"。考古专家称,良渚文明的发达程度可与黄河流域的远古文明比肩,甚至在某些方面超越了黄河文明。

早期吴地究竟是怎样的图景,今人只能凭想象去勾画。从有限的资料可见,远古时期这里是一片偏于一隅的东南泽国。在中原诸侯眼中,是不值一提的荒蛮之地。直到一个人的到来,吴地命运才发生了划时代的改变,江南的历史从此被改写。

　　这个人叫"太伯"，后人亦称"泰伯"。司马迁在《史记·吴太伯世家》中写道："太伯之奔荆蛮，自号勾吴，荆蛮义之，从而归之千馀家，立为吴泰伯。"这就是勾吴（亦作"勾吴"）的起源了。

　　但泰伯为何许人？从何地而来？为何千里迢迢南奔荆蛮？《史记·吴太伯世家》载："吴太伯，太伯弟仲雍，皆周太王之子，而王季历之兄也。季历贤，而有圣子昌，太王欲立季历以及昌，于是太伯、仲雍二人乃奔荆蛮，文身断发，示不可用，以避季历。"原来，泰伯出身于周原正统王族，乃黄帝轩辕氏的直系后裔。商时，黄帝的十二世孙古公亶父（周太王）建立了周部落。太王有三子：泰伯、仲雍与季历。按祖制，长子泰伯理应是王位继承人，但年逾四十的他膝下无子；三子季历不仅颇有才干，且育有一个才华品貌出众的儿子，名姬昌。相传姬昌出生时有圣瑞出现，长大后聪慧贤德，深受太王喜爱。太王欲将周部落未来发展寄托于姬昌，故希望由季历继位，以便日后王位能传于姬昌。泰伯得知父亲心愿后，毅然决定放弃王位远走高飞。他带着二弟仲雍悄然离开母土，千里迢迢，远走东南，这便是历史上的"泰伯奔吴"。泰伯之举，既满足了太王心愿，使季历顺利继位，也给自己找到了新的发展空间。

　　纵观数千年的中国历史，伴随着权力更迭的多是阴谋、血腥和杀戮。相传建文帝朱允炆在叔父朱棣夺位后遭到追杀，避祸江南时路过泰伯墓，遥想这位三让天下的古人，目睹眼前为了权位至亲相残的现况，不禁发出了"深惭今日争天下，遗笑勾吴至德邦"的千古喟叹。泰伯的让王之举广受后世赞颂，孔子赞曰："泰伯，其可谓至德也已矣。三以天下让，民无得而称焉。"[①]汉高祖刘邦挥毫写下《泰伯颂》，乾隆帝亦钦笔题写了"三让高踪"的匾额。范仲淹、文征明等历代文人墨客更是留下颂诗无数。可以说，泰伯以其高尚宽厚的行为谱写了中华王权更迭史上的"至德"篇章。也许，今天已很难弄清泰伯出走究竟是主动禅让还是无奈避让，但这种和平交接权力的方式无疑维护了部落的和谐安宁，也开启了吴地新的历史。

---

　　① 《论语·泰伯》。

泰伯、仲雍一路南奔，来到位于太
湖流域的梅里①。这里气候温润、雨水
充沛、土地肥沃、河网密布，兄弟二人就
此驻足而居。比起中原，其时太湖流域
尚属蛮荒。为融入当地，泰伯、仲雍脱下
华服，模仿土著断发纹身，努力将中原
文明的种子播撒进这片沃土。他们筑
城守民，汇通百渎，发展农耕、兴修水

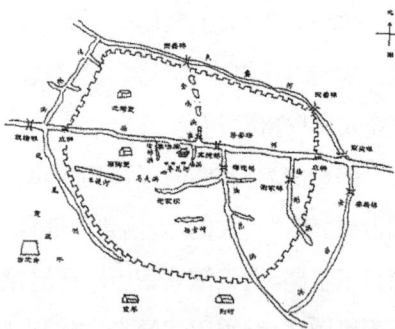

图1-2　古梅里示意图(1∶20000)

利、传播礼仪，受到当地土著拥戴，从而"归之千余家"，勾吴部落由此形成。

图1-3　梅里古都

泰伯、仲雍的这次南奔，不仅开启了吴地灿烂的历史，也使中原文化与江
南文化产生了首次交汇融合，成就了意义重大的文化传播与互动，为吴地文
化留下了兼容并蓄、善于吸纳的优秀文化基因。加之溯江、环湖、濒海的特殊
地理环境，吴文化从伊始就烙上了开放与包容的特性，这对吴地后来的发展
与繁荣有着十分重大的意义。

泰伯于阴历三月初三去世，这一天正是清明节。人们制作了青白二色、

---

①　据历史专家考证，认为古代"梅里"即为今无锡东乡梅村一带。

三种馅心的"清明团子"来纪念泰伯的为人清白，缅怀他的"三让天下"。吴人还采集鲜花献于遗体旁，悼念者太多，乃至一时间乡野花草无存。泰伯生前喜种麻，吴人遂将麻束系于腰间，以示怀念，这成为延续千年的"披麻戴孝"礼俗之由来。泰伯被安葬于无锡东部鸿山之侧，墓穴以青石砌成，墓顶填以黄土，四周常年绿荫如盖。陵园内设有祭祀享堂，有石刻"志异征诛，三让两家天下；功同开辟，一抔万古江南"对联及众多赞辞碑刻。汉代时，泰伯故居被改建成"泰伯庙"，又名"至德寺"，当地百姓也称"让王庙"。今存庙堂主体乃明清时所建，殿前有明代石牌坊，上书"至德名邦"四字，并有帝王题额。

图1-4　泰伯庙

二、图强称霸　吴地始兴

泰伯没有子嗣，去世后由其弟仲雍接任勾吴的第二任首领。勾吴演进至第五代吴王周章时，正值周武王率八百诸侯灭商，建立了周王朝。周初重新分封土地，封侯建邦，拱卫天子，将大批周王亲族、灭商功臣、历代先圣后裔封为各地诸侯，周章亦被册封为勾吴国君，封安阳侯①，成为一方诸侯。

① 无锡阖闾城西行数里，有一座古火山，名曰安阳山，俗称阳山。相传阖闾未登王位时，就在此山下耕读习武，与伍子胥策划如何刺杀吴王僚。

在两千多年前的华夏文明圈里,晋、楚、鲁均为中原强国,相较之下,吴国不过是一个地处偏远、实力薄弱的小国。这在对各诸侯国国君的称谓上便可看出,《孟子》所列举的周代爵称,最高别称"天子",往下依次为"公、侯、伯、子、男"五等,而吴国国君仅位列"子"等,这一身份延续了数百年之久。

吴国的振兴始于第十九世王寿梦。不管从何角度审视,寿梦时期都是一个值得圈点的时代。司马迁对这位第十九世吴王的评价是:"寿梦立而吴始益大,称王。"其执政期间(前585—前561年),励精图治,强兵利器,取范中原,学习周礼,始用兵车,开启文字纪元,国力日益强盛。吴军伐楚征郯,打败巢国和徐国,军事实力不断壮大,摆脱了楚国属国地位,偏居东南一隅的蛮夷之国开始登上华夏政治舞台,史称"寿梦初霸"。寿梦即位后不久即北上朝周,途经楚国时他受到了楚共王的款待,并首次欣赏到了美妙绝伦的宫廷礼乐,深受触动。归途中,寿梦又会鲁成公于钟离①,向其请教周礼,鲁成公还特为其展呈了全套礼乐,并演奏了《商颂》《周颂》《大雅》《小雅》,舞者踏歌而舞,令寿梦叹为观止。也许正是这两次礼乐感受,极大刺激了寿梦的强国雄心,返国后他开始了一系列强国举措。对外,寿梦采取远交近攻、结盟中原的外交策略。当时,晋与楚两个大国南北抗衡,吴国采取远交晋国,与之结盟,以牵制强楚。这一时期,吴国通过军事手段,将楚国在东南地区征服的蛮夷部落逐渐攫为己有,疆域不断扩大,成为春秋后期抑制楚国向中原地区扩张的主要力量。

此时的吴国,已据有江苏、浙江杭嘉湖平原及安徽江南地区,有步兵及水军共三万余人,并开始使用兵车、弓弩,兵器装备极大提高。寿梦努力学习"楚之水战之道"、"齐之兵学传统"、"晋之车战技术",形成了"好计谋、重诡诈、善变化"的吴人兵法。此外,寿梦还"集百家之长",借鉴他国经验,发展经济,开启文字纪元,这种积极纳善、博采众长的进取精神,逐渐使吴地摆脱了狭隘视域和地域局限,为后世发展提供了动力。

在吴国近700年的历史长河中,另一位杰出首领当属第二十四任吴王阖闾。阖闾时期,吴国进入了又一个快速发展的历史时期。作为春秋时期的一

---

① 钟离,位于安徽蚌埠附近。

代枭雄，阖闾抱负远大，在伍子胥、孙武辅佐下，筑城池，设守备，御敌守民，强兵利器，恤民同劳，使吴国政治、经济、军事各方面实力得到极大提升，堪与中原诸侯强国争锋。

阖闾（？—前496）是寿梦长孙、诸樊长子，名姬光。按正常王位传承机制，姬光是当仁不让的继任者。但其父诸樊为了实现寿梦将王位传与季札（诸樊的四弟、阖闾的四叔）的遗愿，而将"父位子承"的传承法则改为"兄终弟及"，希望王位最后传至季札。不料，在二弟余祭、三弟余昧之后，季札却仍拒绝接受王位而归隐乡野。于是，余昧之子州吁"当仁不让"地继承了父亲的王位，成为第二十三任吴王僚。季札这次"让王"的结果，并未产生如当年泰伯三让的良好结果，而是给后来凶险的宫廷内乱埋下了隐患。

公元前514年暮春时节，趁着吴国大军在外征战，国内兵力空虚，姬光与避祸吴地的楚国谋臣伍子胥通过精心谋划，派刺客专诸成功在家宴上刺杀了吴王僚，夺回了本应属于自己的王位，成为吴王阖闾。后又通过刺客要离，刺杀了在艾城招兵买马、意欲为父报仇的僚之子庆忌，从而确保了王位的稳固。

即位后的阖闾，不愧为一代枭雄。他励精图治，勤政爱民，任贤使能，听从伍子胥建议，设守备，实仓廪，筑城郭，广招贤，募人才，富国强军，以仁义闻于诸侯。并借助兵学圣典《孙子兵法》和《子胥兵法》，屡屡取胜，威震诸侯，由此跻身"春秋五霸"之列。在这段时间，吴文化的乐章中一直回荡着勇武善谋、图强称霸的主旋律。

图1-5 遗址博物馆

司马贞《史记索隐·述赞》用短短数十字凝练概括了古吴国这段历史："太伯作吴,高让雄图。周章受国,别封于虞。寿梦初霸,始用兵车。三子递立,延陵不居。光既篡位,是称阖闾。王僚见杀,贼由专诸。夫差轻越,取败姑苏。甬东之耻,空惭伍胥。"因为其子夫差的穷兵黩武、放虎归山、错杀良臣以及战略轻敌等诸多失误,在其执政中期情势急转直下,最终于公元前473年被越王所灭。吴国强国称霸的旋律在演奏至高昂处时突然下滑而至戛然而止,其教训十分深刻。

春秋时期,在征伐称霸、国家重组的时代风云际会中,吴文化特色逐渐形成,文化优势也逐渐凸显,主要表现为德治民本、开放包容、敏察纳善、刚勇尚武、灵活机智、善于谋略,为吴文化后世的发展奠定了厚实基础。同时,也必须看到,作为一种尚未成熟和不完善的早期诸侯文化,勾吴文化中不乏蛮勇好战、穷兵黩武,充斥着"士为知己者死"的义气,亦不乏野性与张狂,这一切正是导致阖闾战场送命、夫差轻敌被越国所灭的文化根因。

三、此消彼长　日渐丰厚

作为一个地区,吴文化并未随着古吴国的灭亡而消亡。在吴与越,越与楚国与国的分裂聚合和政治的此消彼长中,文化也展开了激烈摩擦、碰撞和交融,凭借对异质文化强大的吸收和影响力,吴文化在保留自身兼容并蓄、尊重人才、精明务实等优秀品质外,又增添了越的坚韧刚毅、楚的浪漫瑰丽,变得更加丰盈厚重。

秦汉至宋元,吴地逐渐完成了自身的华丽转型。秦汉时期,北方移民进入江南地区,使吴地农业人口数量保持在较高的水平线上,为农业生产提供了人力支持。魏晋至唐宋,因为中原地区战乱频仍,历史上发生了晋室南渡、安史之乱、宋廷南迁等多次北人南渡大潮。大量世家士族人口南迁的结果,一是长江下游地区人口密度上升,二是带给江南地区大量人才、资金、技术和财富,推动了江南地区经济和文化的发展。据《元和郡县志》记载,元和年间,县辖户数全国平均值为2311户,而长江下游地区则达到4530户。元代元贞年间，无锡、宜兴、昆山、吴江等地被升为"中州"①，当时中州标准是5万—10万居民，下州标准是4万—5万居民。② 这一数字表明，吴地已成为全国人口密度较高的地区。

人口的大量涌入带来农田的紧张，围垦荒地成为治国的重要举措。早在三国时期，东吴便大量屯田，开发农田水利。左思《吴都赋》云："屯营栉比，解署棋布。横塘查下，邑屋隆夸。"可见其时屯田投入和开发力度之大。个人化的荒地开垦也极为普遍。南迁北人的农田需求往往需要自己解决，他们的零星开垦也有效扩大了江南的耕地面积。至南宋时，吴地已基本没有可供开垦的土地了。《吴郡志》（卷二）"吴中自昔号繁盛，四郊无旷土，随高下悉为田"之语即为佐证。

吴地传统农业以水稻、蚕桑种植为主，元代时始种植棉花。元至正年间，黄道婆曾在江南传授棉花纺织技术。从一些地方记载看，元初时期江南已出现棉花种植活动。杭宏秋的《吴地植棉小考》证明了这一点。③ 由此，江南不仅有了粮食作物，还有了经济作物，民众在植棉过程中不仅积累了更多经验，也为其他经济作物的栽培打下了基础。同时，江南地区因人口增多、农具改革，农田的精耕细作得以实现，技术也更为成熟，唐代陆龟蒙的《耒耜经》旁证了这一点。《吴地文化通史》指出："宋元时期，适应人口增加和提高粮食产量的需要，吴地稻区农民着力耕作栽培技术的改革，从而形成了耕、耙、耖、耘、耥相结合的一整套耕作技术。"④证明了吴地当时稻田耕作的高标准和人们为提高产量而在农具使用上的精巧思维。

随着水利、农耕技术的不断提高，吴地逐渐成为国家粮食生产基地，宋代即有"苏湖熟，天下足"之说。伴随粮食生产快速进步的，是新经济作物的成功引进和推广、航道运输水平的大幅度提升以及经济贸易的快速繁荣。吴地在成为中国经济中心的同时，其文化也以令人惊叹的速度繁荣和丰富。无论

---

① 中州，即中等城市。
② 李伯重：《宋末至明初江南人口与耕地的变化》，《中国农史》1997年第3期。
③ 杭宏秋：《吴地植棉小考》，《中国农史》1987年第3期。
④ 高燮初：《吴地文化通史》，中国文史出版社2006年版，第741页。

是文学、艺术，还是经学、教育、宗教，乃至建筑、技术，都取得了骄人成绩。

六朝至唐宋时期，是吴地文化的转型时期，从"尚武"逐渐转向"崇文"。随着晋室南渡和唐宋时期的大规模移民，士族文化的温婉清秀、含蓄多情为吴地文化注入了一种阴柔之美，至南宋，这一转型已彻底完成。

唐宋时期的江南，已是中国最为繁盛之地，国家经济重心正缓缓南移。北宋时期，包括今浙江和苏南地区的"两浙路"，所缴纳的丝织品占全国四分之一以上。(明)钱谷编《吴都文粹续集》收《长洲县[①]达噜噶齐云通君遗爱碑》曰："长洲旧为平江望县，其以里计，未必数倍子男封邑也。其以财计，未必男尽田女尽蚕也，其秋输粮夏输丝也，粮以石计，至三十万余，丝以两计，至八万四千有奇。余盖皆略之也。"此乃元朝至元年间，独吴地长洲一县，年供赋税就达三十万余石粮和八万四千余两蚕丝。可见，其时吴地粮、丝已成国家重要的赋税来源，对国家经济有着极其重要的支撑作用。

经济的繁兴催生了吴地文化教育的发展。汉代时，吴地已有"官学"。《三国志·吴书二·吴主传》载，东吴时期，"(黄龙二年)诏立都讲祭酒，以教学诸子"。此为吴地官方教育的最明确记载。魏晋南北朝时期，吴地官学有了较快发展，这一时期，因北方战乱频仍，大批中原文化人士来到南方，建康（今南京）遂成为南方的经济文化中心。公元 317 年，晋元帝在建康设立"太学"。南朝时，宋文帝设立"总明观"，后又设"四学馆"和"国子学"，官学始有规模。唐朝唐高祖亦曾诏令天下各郡县设立学府，常州府学是吴地府学中史载最早的一所，创办于唐肃宗至德年间。北宋景祐二年(1035 年)，范仲淹在苏州创办郡学，下设县学，并聘请无锡籍官员胡瑗为总教习。教学过程中，胡瑗采取分斋教学制，将教学分为"经义"、"治事"二斋，经义一斋侧重学习六经经义，治事一斋则侧重传授社会实践，如治民、讲武、水利，根据学生自身素质条件选学合适的修学方向。这种教学方式注重因材施教，"明体达用"，广受欢迎，被誉为"苏湖教学法"。据研究者统计，宋代两浙路共有县学 80 所，为

①　唐代武则天统治时期(696 年)将苏州辟为吴县、长洲县，同为苏州府所辖。

全国范围内最多的一路。① 可见，宋时吴地县学规模已达较高水平，在朝廷推动下，吴地教育有了制度保障和较好的发展平台。

唐宋两代，吴地社会稳定，经济繁荣，教育兴起，文风大盛，吴地民风逐渐变得温润。崇文重教的民风经过历史的积淀，逐渐形成了一种浓郁的文化氛围。宋代及以后，吴地书院纷起，成一时之盛。最负盛名的，莫过于无锡的东林书院。东林书院乃北宋政和年间杨时在锡讲学时创立，也称龟山书院。与此同时建立的，还有江宁茅山书院、湖州安定书院等。南宋时有上元明道书院、苏州和靖书院、溧阳金渊书院等。元代有苏州鹤山书院、文正书院、甫里书院，以及常熟文学书院、松江石洞书院等。吴地大批书院的建立，为文人俊彦的讲学交流提供了平台，促进了文化传播，也提升了江南文化的影响力。

南宋以降，吴文化愈发温婉精致，手工业的繁荣和技艺的提高，为其增添了一抹雅致奢华之气。明末清初，以苏、杭为代表的江南已成为人们心仪的宜居"天堂"，人文气息的滋养使吴地在经济、科技、教育、思想和艺术等各方面都位于全国前列，这种状态一直延续至今。

温山软水滋养了吴地，也滋养了吴人。得山水滋养、文化熏陶的无锡人既有历史沧桑刻画出的文心侠胆、务实进取，又有着江南秀色般的温婉柔和、精巧细敏。在从江南小城向工商大市迈进的历史进程中，吴文化的诸多优秀元素被融入工商文化之中，在扬弃、嬗变和发展中，无锡不断突破自我，融合创新，抒写了百年辉煌的精彩华章。

第二节　灵动而善纳的"水文化"

数千年来，江南的这片土地，发生过多次统治政权的变换，从吴到越，从越到楚，再秦汉而唐宋以下历朝。但是，这片土地的文化内核始终保持着良好的内生活力，能量巨大，且表现出巨大的包容性、发展性，成为一种具有强

---

① 郭久灵：《宋代县学述论》，《岱宗学刊》2008 年第 1 期。

大魅力的文化而为历代继承发展。

对于无锡而言，因为它能够凭借自身的智慧灵动、开放包容的内生动力，不断吸纳时代的鲜活元素，不断积聚自身能量，在嬗变中提升，在提升中发展，终于得以在近现代有效地实现了飞跃和突破，以一个具体典型的存在，使自己独特鲜明的工商文化在国家的改革大计和民族的历史行程中镌刻下深深印记。

一、灿烂多彩的吴地文化

氤氲烟雨，莲叶田田，青梅煮酒，人景壶天。浩渺的太湖滋养了吴地的美丽、富庶，也孕育了厚重而绚烂多彩的吴文化。狭义的吴文化，是指从商末泰伯创立勾吴古国到公元前 473 年夫差败于勾践亡国这一时期的文化，历时近 700 年。广义的吴文化，则是指吴地人民创造的物质文明和精神文明的总和，它涵盖了吴地人类社会发展过程中所创造的所有物质和非物质财富。无论从狭义，还是从广义的吴文化出发，无锡都当仁不让地处在吴文化的核心区域。

马家浜文化遗址的发掘表明，在泰伯奔吴前，吴地先民们主要以渔猎为生，这是由濒江、环湖、近海、河道纵横的地理环境特征决定的。作为稻作文明的主要发祥地，吴地先民不断改进水稻种植技术和生产工具，大大提高了劳动生产力。渔猎和稻作技术的发展，开启了吴地先民的主要生产方式，并传承至今，使江南大地成为名扬中外的鱼米之乡，也养成了吴地人民精耕细作、吃苦耐劳的精神品格。良渚文化遗址出土的玉器更彰显了吴地先民们卓越的智慧，华丽的外形，精致的雕刻，反映出了社会阶级的分化，文明时代的推进。总体上，先吴文化的产生及发展，对华夏文明的繁衍壮大产生了很大的影响，并为后来的古吴国乃至整个江南地区的文化发展与繁荣打下了坚实基础。

中国人文地理学开山大师，著名地理、历史学家张其昀先生在其《无锡人文》一文中认为："长江下游太湖一带，为中国近代精华荟萃之区，财赋人文，甲于全国。若考其文化发祥地，则不在苏杭，不在京镇，而在无锡之梅里。" 3200 年前泰伯、仲雍兄弟的到来，让中原文化和江南土著文化有了一次跨越时空的历史性的融合，为当时相对荒蛮、落后于中原的江南地区注入了全新的文化活力。虽然，早在史前时期，大禹就开始了从山西到浙江横跨长江南北的治理，江南地区在良渚文化时期也已经有了稻作文化，但泰伯兄弟的到来对吴地的跨越式发展起到了关键性的作用。

泰伯奔吴是催生勾吴古国建立的最直接的原因，对吴文化的形成也具有重大的意义。来自中原的周文化和江南本土的古越文化由于泰伯、仲雍兄弟的到来而发生了交融，造就了中原文化与江南文化划时代的互动，促使太湖地区进入了一个新的时代。这一南北文化融合的结果，不仅催生了一个新的部落①，也创造出了一种极具活力和后发力量的新的文化形态——吴文化。在漫长而滞缓的历史进程中，这种文化不断丰富完善，有力地推动着吴地这艘巨轮走出令人惊羡的千年航程。

在勾吴古国存世不到 700 年的时间里，此地上演了泰伯奔吴、周章封国、寿梦北上、季札出使、子胥孙武助吴、阖闾图强、夫差争霸等一系列史诗大戏，留下了可圈可点的恢宏历史篇章。伴随着吴地冶铸业、农业、畜牧业、渔业的不断发展，吴文化日趋成熟，影响力也不断扩大。勾吴古国活跃于历史舞台，在漫漫长河中也许只是短暂一瞬。然而，吴国虽从国家版图消失了，作为文化形态的"吴"却没有消亡，不仅绵延至今，而且在吴地得到了传承和弘扬。尽管这片土地后来又接受了越统楚治，终至纳入中华大一统帝国，但"吴"的概念却从未因为政治的动乱、国家的重组而消亡。对无锡来说，吴文化的传承生生不息，并逐步融入后来成为主流的工商文化之中，成为影响城市经济社会发展的重要的文化质素。

吴文化是一个深厚而繁复的文化系统，蕴藉深厚，内涵丰富。吴文化是重视道德取向的文化，"先天下之忧而忧，后天下之乐而乐"一直是吴文化道德高张的旗帜，谦让和谐是吴文化低调内敛的温婉旋律。吴文化是开放包容的文化，从诞生的那天起就一直兼收并蓄，在开放中不断吸纳，在吸纳中扬弃

---

① 据《史记·吴太伯世家》记载，泰伯生前并未称王，初创时勾吴只是一个部落。周武王伐纣灭商后，勾吴第五代王周章才被正式封为诸侯。

发展,因而能够后来居上并始终走在时代的前列。吴文化是务实进取、注重实效的文化,勤劳勇敢的吴地人民,脚踏实地,苦干实干,发展实业,重视工商,使经世致用的理论在社会实践中得到最大的张扬。吴文化是善于审时度势,敏于把握机遇,适时顺便的文化,在历史发展的每一个关键时刻,吴地人总能首先发现机会,敏锐地抓住机遇,快速发展,机智转型,从而能够把握发展先机,在时代潮流中永远立于不败之地。吴文化是精致优雅、从容不迫、进退自如的文化,从远古的尚武到后世的崇文重教,吴人的追求不断高雅化精致化,市民的世俗精神和文人的诗化追求,奇妙而完美地共同造就了江南美好而诗意的现世生活。吴文化是多元共生共荣的和谐文化,从苏南到浙北的城市群,因地缘关系都受到吴文化的滋养,各自不同的历史境遇又赋予这些吴地城市以鲜明的城市品格与文化个性。吴文化在不同城市的不同发展路径和取向,是多元文化的折射,使其在古雅与素朴、婉约与直白、崇文与尚武、功利与淡泊的交融之中获得了和谐之美。

吴文化的演进经历了漫长的积淀和扬弃,并非一朝一夕而至。在它所经历的每个历史阶段,都表现出顺应时代潮流的特征。勾吴古国虽然消亡了,但吴文化的精神却日渐深入人心,成为支撑和推动吴地社会经济发展的内在根因。

近代以来,在中国坚韧地迈向现代化的进程中,源远流长的吴地文化在某些方面已经超越了黄河文明、中原文化的诸多传统,成为中华文化大系统中重要的互补元素和实际上的引领元素,影响、渗透、滋润着东南沿海的富饶土地,并向更广阔的半径扩展和延伸。中国改革开放的历史,正是吴文化从边缘走向中心的佐证。今天,将吴文化置于世界文化图谱的坐标中,重新审视其内涵,会发现吴文化尚德务实、灵动智慧、开放包容、义利兼顾、适时顺便、刚柔相济等因素,不仅在中国改革开放进程中发挥了重要作用,也必将在世界大文化格局中显示出越来越重要的独特价值。

一个地区得以持续繁荣发展,背后一定有赖于文化的巨大支撑。吴地能够成为经济社会发展的高地,能够最先接受西方先进科学技术和文化理念,能够成为科技人才高地和外向型经济的集聚区,这一切都与吴文化刚柔相济、开放包容的特质有极大的关系。兼具王者大气与包容创新的吴文化,正成为江南地区支撑新一轮经济体崛起的软实力和核心竞争力。

二、三次历史性文化整合

自春秋诸侯争霸开始，吴文化进入了整合期，无锡也由此发生了历史上的第一轮文化大融合。吴楚两国的交战促进了两地文化的碰撞和融合，战争让吴国学会了主动纳善和取长补短。越灭吴后，吴越消弭边界，同气共俗，文化发生了深度交融。战国时期，吴文化又与荆楚文化等交流碰撞，不仅强化了自身兼容并蓄的特性，又多了几分包孕吴越的开阔。永嘉之乱、安史之乱、靖康之乱三次重大政治变动及由此产生的大规模世族南迁，为江南带来了人才、资金、文化和技术，政治中心也不断南移，推进了长江下游地区的发展。在历史的偶然和必然之间，吴文化的清健秀逸中，不仅融入了楚文化的浪漫瑰丽，也汇聚了越文化的坚韧刚毅，三地文化彼此融合，形成了无锡特有的人文精神。产自吴地的精美绝伦的丝绸与锋利而精美的青铜剑，恰似吴地亦柔亦刚、刚柔相济的文化。多种文化形态的聚合，既养育了无锡人心灵手巧、外秀内慧的一面，又启示着无锡人文心侠胆、清健刚毅的一面。西汉时期无锡县的建立，可视为从吴文化而来的无锡文化的形成暨第一个历史性文化整合阶段的结束的标志。

第二个历史性的文化整合阶段，始于汉而收束于清。在这个漫长的历史阶段中，无锡的身份一直是一个县，受到政治地位的制约，无锡处在缓慢的发展过程中，逐渐积聚着自身的能量。通过经济的发展、贸易的交往和文化的吸纳交流，无锡不断汲取着华夏各地的优秀文化，并在扬弃中不断优化自身文化，一方面随着吴地文化融入中华主流文化，在许多文化领域显示出开天下风气之先的魅力，也在黄河文化与长江文化的碰撞交融中实现着自己新的升华。

在文化的整合中，大运河之于无锡的意义十分重大，如果说太湖是无锡的母亲湖，大运河就是古代无锡的血脉经络。隋唐大运河的开通，以及宋代以降对运河漕运的充分依赖，更加速了无锡文化与中原文明的融合，使无锡不断开放、吸收、整合、嬗变、提升，使"静若处子，动若脱兔"般的经济及文化活力更加有力地显现出来,造就了元明清三代无锡经济文化的兴盛。虽然,这一时期无锡的政治地位依旧,却已然成为一座江南名县。随着江南成为文化、经济的中心,无锡也完成了其第二次历史性文化整合,以自己的富裕自足、灵活机智继续积累着潜在的经济、文化能量。

在农业文明与工业文明的激烈撞击中,在农民起义、列强侵入、口岸开放、经济形态更新的历史进程中,无锡开始了其全方位的第三次文化整合。此时,中国正带着"天朝大国"的屈辱和困惑,开始了它最为惊心动魄、充满苦难与血污、梦想与光荣的漫漫历程。这是一次非同寻常的异质文化的碰撞,这是一次充满血与火的洗礼,抗拒与接纳相交织的文化整合过程,既有科学民主与封建专制的对峙,又有工业文明与农业文明之间的对话,更有野蛮与文明、侵略与反侵略之间的较量,这是一次艰难而壮观的整合过程。在与整个国家一起经历这次艰难而壮观的洗礼的历史过程中,小小无锡表现得尤为出色,在风云际会的大时代开始了崭新的历史航程。一种充满生命力的新的文化形态——现代工商业文化,在古老而富庶的土地上开始迅速生长,并开始了具有历史意义的创造。

三、继承吸纳成就文化性格

定都于南京的太平天国,在经受着内外交困的煎熬而失败之前,英王陈玉成和忠王李秀成的军队都曾骚扰过无锡地区。李秀成的精锐部队与清军在无锡发生过一场惊心动魄的激战,这是无锡历史上经历的最为惨烈的一场战争,令小城无锡备受重创。当清朝皇帝为胜利的清军在无锡竖立起一座阵亡将士纪念碑时,封建王朝也终于快走到它的尽头了。西风穿越了血与火的屏障,从东南的海上吹来,现代工商业的萌芽在耕种了千百年的江南乡土上顽强而快速地破土而出,位于通江达海处的无锡和嗅觉敏锐的无锡人,很快感受到了带着海洋味道的时代气息,抓住千载难逢的历史契机,民营经济就在那一时刻潇潇洒洒地起步了。

在1895年到1912年这短短十多年间,无锡的面粉加工、纺织、缫丝三大基础产业已经形成，至 20 世纪 30 年代中期更是步入了中国工商业强市之列，成为上海、广州、武汉、天津、青岛等工商业强市第一方阵中的一员，在历史上写下了近代最辉煌的一页。由此，小城无锡终于成为民族工业的重要发祥地之一，成为一座真正意义上的江南名城。对于历史，对于中国，对于无锡自身，这是一次比当年泰伯建城勾吴还要伟大的崛起。泰伯奔吴，对吴地的推动更多得力于外来文化的力量，表现为对优秀异质文化的欣然接纳。而这一次民族工商业的勃然崛起，则表现为无锡内部多年积淀的能量与外部时代影响的积极呼应，从而迸发出自身无限的活力，这无疑也是无锡内在文化精神的一次生动张扬。

近代以来，西学东渐，中西文化的碰撞、交融成为时代发展趋势，吴文化的内涵也随之发生了很大变化，兼收并蓄成为无锡文化的一大特色。在对吴地既有传统的继承发扬中，吴文化不断吸纳时代新的观念与信息，贯通中西，与时俱进，在融汇、创新和升华中，呈现出一种开放、活跃的文化形态，并逐步完成了由传统的"农业经济文化"向"工业经济文化"的社会转型，经济民生都有了长足的发展。许多世家大族高举"师夷长技以制夷"的大旗，本着救亡图强的目的，积极兴办民族工商业，彰显出强烈爱国情怀和社会责任感。这一阶段的吴文化又平添了几分求利顾义、义利兼顾的价值取向，重商重文的人生追求，和敢为人先、锐意进取的创业精神。

无锡的文化，与水有着千丝万缕的联系。无锡是一座富水的城市，汇集了江、河、湖、荡、塘、渎、氿、溪等各种水体，最多见的就是水。滚滚东流的长江，贯通南北的大运河，碧波万顷的浩瀚太湖，以及随处可见的各种池塘、小河，构成了鲜明的江南城市风貌。水润万物，水也是无锡人的血脉和生命，古往今来，水与这里人们的生活紧密相连，相依相随。一方水土养一方人，水性与无锡的民性息息相通。水的柔和温润、随物赋形、善于变化、外柔内强，养育了无锡人的群体秉性，机智灵活，敏于感知，善于审时度势把握机遇，也善于应对变数，进退自如。水最柔软，也最强悍，柔时温软无比，强时可穿石淹城，一如吴人的性格的柔中带刚。水也给了无锡人充分的智慧，从吴地先民传承而来的造舟弄帆，打鱼行船，磨炼了当地人"见风使舵"的灵活与机敏，也赋予人们敏于感知、善于判断的禀赋与智慧。

在无锡人眼里,水也是取之不尽的财富。水岸两侧是交通最便利也是商贸最繁华之地,行舟楫,兴经济,亨邑运,通八方,人们聚集在水岸边生活生产、进行商贸交易,枕河而居的百姓尽享安逸,依水而建的小城也因此而繁荣。吴地的水不仅给了生活在水乡泽国的人们圆润通达的智慧,还有开放进取的性格和锐意创新的作风。水是吴文化中最温柔灵动的部分,对吴文化的形成和发展产生了深刻而久远的影响,水也是养育无锡工商文化的重要因素,开放包容、敢于探索、机智灵活、长袖善舞,许多工商文化的特质正来自无处不在的水。

尚德重教是吴文化的重要理念。古来吴地重教育多才子,优越的地理环境,稳定的社会秩序以及繁荣昌明的经济文化,为世家繁育、人才成长提供了优越条件。自隋朝开创科举取士到清末废除科考制度,小小无锡出了5名状元、3名榜眼、6名探花,3名传胪,540名进士,1200多位举人,可谓人文荟萃。"一榜九进士"、"六科三解元"一直是民间流传甚广的佳话。及至近现代科技时代,在辛亥革命时期无锡就已是中国外出留学比例最高的县,新中国建立之后走出的两院院士高达80多人,在全国同类城市中名列前茅。无锡原本也和江南其他地区一样,有着"耕读传家"、"诗礼传家"的传统,但是在新时代到来之时,却第一个大胆摆脱传统观念的桎梏,快速发展工商实业,在江南诸地中最早完成了近代化的华丽转身。

即便是发财致富甚至富可敌国之后,无锡的实业家也少了一些铜臭,而多了几分儒雅。无锡荣氏、杨氏、周氏、唐氏等工商巨贾,重利也重义,他们在完成财富积累之后均在社会公益事业上投入了大量心血和财力。修路建桥,兴办学堂,支持公益。史学大师钱穆曾这样描述那时的工商巨子们:"凡属无锡人,在上海设厂,经营获利,必在其本乡设立一私立学校,以助地方教育之发展。"[1]吴文化中尚文重教的传统,在民族工商实业家的回报社会中得到了切实的传承与弘扬。

---

① 钱穆:《八十忆双亲·师友杂忆》,岳麓书社1986年版,第232页。

务实功利、注重效益是吴文化的重要特质之一,也是无锡工商文化的重要内涵。早在春秋战国时期,吴地商贸活动已出现萌芽。唐宋时,无锡已是南北货运集散地,经济发展已居全国前列。"靖康之乱"导致宋室南渡后,北方人口大量南迁,仅无锡一城,人口就从十万增至十三万之多,土地再次被深度开发,以土地面积计算粮食产量一度位居全国首位。至明代中叶,吴地受西方先进工业文明的影响,资本主义开始萌芽。19世纪中期,无锡成为全国"四大米市"之一,也是扬名大江南北的"丝市"和"布码头",并孕育了国内最早的近代工商实业,这不仅得益于优越的地理环境,更得益于义利兼顾、兼收并蓄的文化品格。从经济发展获得实利,使无锡人更懂得经济的价值,做实业,讲实用,重实效,务实而功利,经世致用的文化遂成为城市鲜明的文化取向。在这一文化导向下,20世纪二三十年代,无锡涌现出以荣德生、荣宗敬等为代表的一大批民族工商实业家,他们勤勉务实,实业救国,引进西方先进设备与技术,鼎力打造民族工业,极大推动了无锡的近代化进程,对整个国家的民族工商业发展也产生了重要的影响。

任何一种文化,都有着与生俱来的"传承"与"创新"的双重属性,可以说,吴文化是江南文明的源头,也是无锡城市文化厚重而坚实的基础。在漫长的历史发展和时代的变迁中,小城无锡因近代工商实业的发展繁荣而迅速崛起,成为国内著名的工商强市,工商文化也逐渐成为城市鲜明的个性特征。

第三节 融会整合催生工商文明

古吴国都城的东迁姑苏,以及战国群雄的纷争,使无锡在阖闾时代结束之后的两千多年中默默无闻。当年吴王阖闾委托伍子胥相土尝水建造了两座吴城,其中位于无锡阖江的阖闾城应当更具遏制越国的战略意义。夫差时期,吴越对峙的主战场已转移到吴江嘉兴一线,而后又因为错杀良臣、放虎归山、战略轻越等重大失误而大败于越,并痛失阖闾城和太子友,只能退守于姑苏台的吴城。

随后,吴被越灭国,可以想见越王勾践当年会如何疯狂地毁灭与吴国社稷相关的一切痕迹,曾经作为吴国核心地域的无锡由此成了弃儿。虽然,无锡由此也有了新的命运。恰如当年泰伯为高坡凤鸟和郁郁梅林所吸引一样,许多历史的偶然最终总是带来必然的结果。

可以说,无锡璀璨了近 600 多年的政治光焰开始黯淡下去,大概是在公元前 485 年吴都的那次东迁之后;而它的崭露头角,大概是在近代 100 多年来;日显重要,则是在当代 60 多年来。

一、两千年江南名县

西汉高祖五年(202 年),无锡正式建县。此后,历代虽有分合变化,但基本保持了县级城市的格局。例如,西汉初年,无锡曾先后属楚王韩信、荆王刘贾、吴王刘濞的封地。汉武帝元封元年(前 110 年),无锡曾被封为侯国[①],但仅存 21 年就废侯国而复为无锡县。三国时期,无锡归属毗陵郡,魏晋时归属晋陵郡,隋朝时归属常州府,唐代时无锡先后分属江南道、江南东道和浙江西道,宋代又归属常州府。元代时,无锡县曾一度升格为无锡州,但明代又改回无锡县。清代时,无锡仍隶属于常州府,但雍正二年(1724 年)清廷将无锡县拆分设为无锡、金匮两个县,出现了一城之内设有两座县衙的独特景观。1911 年辛亥革命时,政府再次将两县合而为一,仍名无锡县。

无锡的升格为市,是 1949 年中华人民共和国建立以后。当时,新政府将无锡郊区和市区并建为无锡市,将乡区设为无锡县。无锡市由苏南行政公署直辖并作为其驻地,无锡县则属苏南行政公署辖下的常州地区。1953 年,中央政府重新进行区划调整,撤销苏南行政公署和苏北行政公署,建立江苏省,无锡市成为江苏省辖市。

无锡的现代格局形成于 1983 年,江苏省实行市管县新体制,无锡县(后

---

① 西汉初年曾大封功臣为列侯。列侯封地称国,大的数万户,小者五百户,最小的侯只享有一亭的食邑。列侯居住在京城,侯国置国相如县令,管理所在侯国。估计当时作为侯国的无锡,也就是县城建制。

改为锡山市）、江阴县和宜兴县（后改为江阴市、宜兴市）划归无锡市辖下，使无锡的地域面积、人口数、经济地位、综合实力以及城市规模格局都有了飞跃式的发展。无锡目前地域面积为 4787.61 平方公里，常住人口从建国初的 60 多万增至近 600 万。2000 年，经江苏省人民政府批准，无锡作为特大型城市，撤销了锡山市，设为锡山、惠山二区，并将原马山区、郊区和原锡山市（县）南片几个乡镇合并成立滨湖区，加上高新技术开发区（新区），形成了下辖七区两市（县）的城市格局。

无锡城市行政建制的历史沿革表明，在吴国故都东迁以后的 2500 年里，这座城市始终未曾成为重要的政治、经济和文化中心城市，直到现代以来的 60 多年，它才逐渐成为一个比较重要的区域性的政治、经济、文化中心城市，这不能不对城市文化精神的形成和发展造成极大的影响。按照文化承传影响的一般规律，其走向基本可以描述为中心城市的文化向周边地区辐射影响，周边地区则接受并渐渐被由中心城市辐射而来的文化所同化。但无锡毕竟是一座吴文化底蕴久远深厚，而且充满着智能和创造能量的城市，待在县级小城位置上的两千年里，它在接受中心城市政治、经济、文化等方面管辖、辐射的同时，兼容并蓄，提升品位，转移能量，利用得天独厚的天时地利条件，终于使自己成为一座江南名县，物产丰富，经济发达，富甲一方，并为在近代一鸣惊人地超越周边原来高于自己的中心城市默默地做着各种准备，同时也悄然地形成了自己独特的文化个性。

悠久的历史为无锡铺垫下厚重而旖旎的文化底蕴。今天无锡文化的许多特质直接来源于 3200 多年积淀而成的历史背景和人文传统，也得益于近代西方文化的濡染和近代以来的现代化进程。在漫漫历史长河中，灿烂多彩的吴文化是留给这方美丽土地和勤劳人民的最厚重的礼物。无锡从上古时期就进入了漫长而又发达的农业文明时代。农田鱼塘、桑竹茶果，精耕细作；陶器紫砂，精美实用，匠心独具。数千年的历程潜移默化的力量无比强大，今天的无锡，无论是城市风貌，经济格局，还是无锡人的思维情感，都流露着由此而来的精明、智慧、细致、谨慎的特点。而无锡人的脚踏实地、勤劳朴实、心灵手巧，以及群体所具有的细腻、敏感、清丽、秀逸的审美品格和爱恋山水家园的心态,无疑也得益于青山秀水、明媚旖旎的江南风光与精耕细作的农业生产和精致手工技艺的糅合叠加。

二、悠久厚重的历史积淀

从西周至春秋战国时期,无锡所在的太湖流域的手工业、商业得到初步发展。陶瓷业在印纹硬陶、釉陶的基础上出现了原始瓷器,烧制工艺提升,器型、纹饰更加复杂多变。早期青瓷的大批量、专业化生产,在制作工艺和生产组织方面都实现了质的飞跃。吴地纺织业出现新的发展,春秋墓葬中出土的纺织工具和织机部件,体现了纺织技术的改进,吴都"织里"既是官营的纺织工场还是民间织户的聚集之地,并带来了绣衣锦裳的普及。

随着冶炼技术的进步,青铜和铁制工具得到广泛使用,对水利建设和造船、运输起到巨大的推动作用。吴国相继开凿沟通太湖和长江、长江与淮河的人工运河,这一定程度上出于征战争霸和灌溉排涝的目的,但对于南北交通和商业贸易同样有重要的积极意义。手工业、商业和交通运输业的发展,使古代城市在军事和行政功能之外,增加了商市的内容。

自秦汉经魏晋至隋唐两宋,无锡的工商经济(主要是手工业)尚处于低落状态,处于缓慢的整合演进中。秦统一中国后,无锡置县。汉初分封诸王,无锡一带为吴王刘濞的属地。刘濞凭借封地内优越的资源条件,煮海水为盐,冶铜山为铁,积聚财富,并起兵直逼西汉中央政权,酿成"吴楚七国之乱"。这一时期的铸铁业达到了新的发展高度,通过改进冶炼炉、采用鼓风设备、筛选矿石,生产效率大大提高。同时,发明"脱碳成钢"和"炒铁成钢",综合应用生铁熔液灌注熟铁、再加锻打的技术,不仅生产出被称为"百炼钢"的韧性铸铁,而且能够铸造氧化退火、外层脱碳的钢质工具。陶瓷业、丝织业、砖瓦业等,也在社会需求的扩展中增强生产供给功能。但是"七国之乱"被平息后,中央政府持续奉行"强干弱枝"的政策,通过迁徙富户,抑制兼并,禁止关榷,加重赋税,把地方的手工业生产和商业经营控制在较低的水平上,以达到巩固中央集权的目的。由于偏安一隅,大部分时间,江南经济处于徘徊状态。历史上的几次大规模的移民,如魏晋时期的晋室南渡,安史之乱造成的北方移民南迁,以及南宋朝廷建都临安,都造成了大量士族和物资货币向南流动,偏安一隅的小朝廷对地方农商经济采取相对放纵的政策,促进了江南经济开发和全国经济中心南移,形成朝廷官府"辇越而衣,漕吴而食"①的格局。

自隋唐至宋元,陶瓷业的窑膛结构和耐火条件得到改进,釉彩技法不断完善,包括宜兴在内的南部陶瓷制造业迅速崛起;丝织业借助织造和印染工艺的改进,织物的产量和质量大大提高,环太湖地区跻身全国三大丝织业中心,并呈现超越湖湘、巴蜀的势头;制茶业兴起,随着茶树种植的普及、制茶工艺的成熟和茶叶贸易的兴盛,江南的饮茶习惯向内地和北方扩散,宜兴阳羡茶、无锡雪浪茶等名茶随之声名远播;造纸业在太湖流域地区以桑皮为主要原料,所产纸张光洁平滑,细密柔韧,足以与益州麻纸、宣州檀纸、韶州竹纸、余杭藤纸相媲美,为明代无锡印刷业的"大盛于世"提供了相应的物质条件。这一时期的陶瓷制造业、丝织业、制茶业和造纸业,不仅形成专业生产、经营的作坊、店铺,带动城市经济的繁荣,而且大量出口海外,促成边境互市贸易和海上贸易。南宋绍兴年间,江阴一度设立市舶司,成为江苏地区海外贸易的重要口岸。

明清时期,是无锡工(手工业)商经济走向繁荣兴盛的重要时期。砖瓦业是明清无锡最重要的手工业之一,"向自吴门而外,惟锡有砖窑,故大江南北不远数百里取给于此"②。其起自明洪武年间,主要为南京建城提供城砖,称盛于正德,至清代生产规模进一步扩大,南门一带有砖窑150多座,并形成了专为大窑供给瓦坯的专业窑户。无锡"砖瓦盛行于数百里内外","大江南北,以无锡之砖为贵"。

造船业在吴地是一个古老的行业,到明代形成专业性商品生产。在无锡,有所谓"五姓十三家"获得朝廷批准的造船特权,所造包括航船、货船、渔船、游船(灯船)、渡船、营船("沙唬"战船)等,其中尤以大棚宽舱、雕梁画栋的

---

① (唐)吕温:《吕衡州集》卷六《故太子少保赠尚书左仆射京兆韦府君神道碑》。

② 《无锡县志》。

灯船驰名江南一带。另外有一种"西漳船",为无锡造船业所创制,它综合蠡墅船、关驳、米包子船船型改良而成,以舱容大、吃水浅、航速快、易装卸为特点,成为清代中后期江苏内河木帆船的主要船型。

冶坊业(包括冶铜和铸铁)在这一时期又有新的发展,其产品主要有两类:一是民间日常所用铁锅,形成王源吉等专业冶坊,所产"无锡锅"运销辽东、宣府、大同等对外互市之地;一是钟鼎磬炉等寺庙法器,以曹三房等冶坊为代表。其中钟鼎铸造综合运用泥型、砂型、拨蜡等工艺,讲究材质的科学配比,所铸器物不仅造型稳重美观,而且声音洪亮,余音绕梁,产品遍及国内古刹名寺。

明清无锡的酿造业久盛不衰,包括酒、酱油、酱菜,这些一直是无锡地区的重要特色商品,其中惠泉酒(也称泉酒)色白味清而冽,为江南四大名酒之一,全盛时全城有酒坊200余家,年产酒数十万斛不止,因质量高超而名列南酒之首,被不同层次的人们选作馈赠佳品。刻书印书也在明清形成产业,并出现由文人刻书向商业性书坊发展的趋势。从华珵的雕版和木活字印书,到华燧会通馆、华坚兰雪堂、安国桂坡馆的铜活字印书,校勘、排版、印刷、装帧的技艺水平不断提高。在流传至今的顾起经、顾起纶奇字斋印书的附录中,可以看到作坊分工的细致。

至于明清时期无锡米市、布码头、丝茧市场及其背后的碾米、磨粉、榨油、棉纺织、缫丝等手工业,更是以大宗商品的长途运销为基础,形成一定的市场组织和交易方式,成为近代工商经济和工商文化发展的直接前导。综观世界近代史,就大多数民族而言,工业化来自国外,中国也不例外,工业化发端于外国资本直接或间接的推动。中国土地上的机器工厂最早是由外国投资创办的。第一次鸦片战争后,先是上海、广州、香港等地出现了一批为外商来华贸易服务的外资船舶修造厂,随后,由于加工出口农副产品的需要,在蚕丝、制茶等行业中也出现了外资工厂。《马关条约》使通商口岸的外国工厂合法化,西方各国在华投资规模日益扩大,投资最多的是纺纱、卷烟、面粉行业,主要集中在东北和上海。中国人自己开办机器工厂始于19世纪60年代兴起的洋务运动。第二次鸦片战争失败后,清朝统治阶层中的一些有识之士有感于外国的"船坚炮利"和中国积弱不振、落后挨打的惨痛现实，开始意识到"中国欲自强，则莫如学习外国利器；欲学习外国利器，则莫如觅制器之器"①，以曾国藩、李鸿章、张之洞等为代表的洋务派官僚发起而倡导引进西方科学技术，"师夷长技以制夷"②，于1861年开始创设官办工业企业，用洋机洋匠设厂仿制枪炮轮船等军用产品以"求强"。后又延及采掘、冶炼、棉毛纺织等民用行业以"求富"。19世纪70年代以后，洋务派官僚又逐渐委托商人招徕民间资金来经营，开办了一批官督商办、官商合办的企业。

外国商品的输入，外资在华企业的增多，加上洋务派的倡导，催动中国的私人资本也开始直接投资经营近代企业。最早出现的是1866年在上海成立的发昌机器厂，其后，广州、上海、福州等地又陆续产生了一批船舶修造、缫丝、棉纺、面粉、火柴等工厂，到1894年，民族资本企业已有100多家。虽然这些企业规模都比较小，有些也很短命，但它们的出现，为民族资本创办企业探索了前路，开创了先河。

三、现代文明助推"小上海"繁兴

西方工业文明的冲击和近代机器工业的诞生所产生的革命性影响，为无锡工商文化的发育创造了必要的社会经济条件。当西风东渐，工商业的萌芽在中华大地破土而出，无锡人敏锐地感应到了时代的风尚，焕发出前所未有的能量和潜力，来迎接这场工商业崛起的大潮，并走出了最为漂亮的第一步。

无锡有效地吸纳来自海上和上海的经济文化辐射，蓄积自己的能量和底气，迅速地提升自己的经济实力。从19世纪末20世纪初起，无锡的经济张扬地崛起了，领衔的先是商贸经济，然后是蓬勃的民族工业，其身份虽是县级建制，经济实力却跨入了当时中国前五位工商业城市之列。

历经久远的熏陶和浸润，多重因素构成了无锡城市特有的氛围、流行风

①　宝鋆等编：《筹办夷务始末》(同治朝)卷二十五，中华书局2008年版，第4页。
②　魏源：《〈海国图志〉叙》，岳麓书社1998年版，第1页。

尚和价值共识,使其凸现出不同于周边城市的鲜明的"工商文化"特征。它既是现实生活无处不在的折射,更有着深远的历史文化渊源可寻。早在20世纪二三十年代就赢得的"小上海"称谓,不仅暗喻了这座城市早年工商经济的繁荣,也暗示了无锡与上海的特殊关系。19世纪70年代,在洋务运动军事工业的带动下,中国产生了以轻工业为主体的官办民族工业,上海成为民族工业最先萌芽的主要地区,至19世纪末,无锡受到辐射扩散,面粉业、缫丝业、纺织业蓬勃兴起。荣氏企业、杨氏企业、薛氏企业等先后在上海和无锡创办工厂,企业生产的产品在满足本地需求的同时也输送到上海乃至全国。

无锡的经济发展,从伊始就受到上海经济的影响,很大程度上是接受上海辐射的结果。当年许多无锡子弟去上海学生意、做买办,成为实业家后便从上海回到无锡设厂,因为无锡有着比上海更有利的条件。当时的大上海处于外国资本的直接压力之下,这种压力至20世纪二三十年代愈演愈烈,在茅盾长篇小说《子夜》中,吴荪甫的悲剧命运即是30年代上海民族资本家共同命运的写照。而无锡则是一个非条约通商口岸的小城,与国外资本关系较少,回旋余地较大。在无锡设厂成本明显低于上海,水陆交通便利,周边广阔的农村又是很好的原材料基地。这些条件使无锡深受投资者青睐,在短短十数年中一跃成为我国以轻工业为主体的民族工业集中地,而民族工业的崛起和发展,正是无锡城市近代化的最突出的标志。

无锡也拥有发展经济的得天独厚的自然优势,四季分明,气候宜人,物产丰富,素有"江南鱼米之乡"的美称。京杭大运河穿城而过,使之成为连接上海与内地的枢纽。无锡作为全国四大米市之一,专业性批发交易市场已经成熟,还是区域商品集散交换中心之一。无锡青年在上海"学生意"的过程中,东方商都浓郁的商业氛围以及诸多商机,让他们看到了另一种生活。而上海人的精明、开放和机敏,无疑也深刻地影响了他们。在未来的创业大潮中,这些人成为了中坚力量,这也决定了他们创业后必然与上海保持着密切的关系。因此,无锡"小上海"的得名,既有世人对无锡繁华经济的赞誉,也有上海与无锡关系的隐喻,更折射出无锡人特有的文化心理。可以说,无锡经济的发展从一开始就受到上海经济的影响,无锡经济的繁荣很大程度上是接受上海辐射的结果。

在农业文明与工业文明的激烈撞击中,无锡经历了农民起义、列强入侵、口岸开放、经济形态更新等历史大潮的洗礼,并在风云际会时开始了崭新而辉煌的近代历程。19世纪末至20世纪30年代,是无锡经济崛起最快速的关键时刻,短短数十年中,作为县级城市的无锡便一举步入中国工商强市第一阵营,华丽蜕变为世人所公认的"小上海",成为中国六大新兴工商业城市之一,工业GDP位居全国第三,产业工人数仅次于上海,位居全国第二,成为中国民族工业的重要发祥地。

对无锡快速蜕变崛起的深层原因,专家们众说纷纭。但不可否认的是,历久积淀的文化基因、地域性的民众性格是内在的原因,当它们邂逅了那个动荡而充满机会的时代,与诸多历史机缘相遇合时,日久蓄积的能量便不可避免地爆发出来了。

第四节　多元文化孕育城市性格

古吴国赋予无锡悠久绵长的历史,得天独厚的生态环境赋予无锡美丽的山水资源,精耕细作的农业文明造就了一个富庶的鱼米之乡,这些使无锡这座江南城市具有鲜明的吴地文化特点。

一、多重色彩织就文化底色

无锡文化的第一层底色,由鲜明的江南地域特色铺染而成,明媚秀丽的生态文明、包孕吴越的太湖文明,造就了无锡山温水软、灵秀旖旎的城市特征,得天独厚的自然优势,使无锡素享"太湖明珠"的美誉,也是无锡获得"中国优秀旅游城市"、"森林城市"、"宜居城市"等诸多名头的重要基础。

历史的选择和独特的人文背景,为无锡铺染了第二层文化色彩。无锡有着3200年的历史背景和人文传统,这种背景与传统不仅积淀于漫长的封建时代,更来自近代西方文明濡染和近代以来的现代化进程,使得政治地位不高的小城与经济繁荣富裕的名邑、发达的现代工商名城得以融为一体。

强劲的经济活力,赋予了无锡第三层鲜亮的文化色彩,也赋予这个城市最鲜明突出的个性特征。发达的经济、繁荣的贸易让小城地位在近代得以迅速提升,且当仁不让地使无锡的文化个性区别于其他江南的城市。在经历了农业文明、前工业化和准工业化之后,无锡最早步入后工业化时代,从发达的商贸经济催生出的独特文化样貌,既有成熟发达的工商业文化色彩,又尚存自然经济文化的痕迹;既有现代工商文明气息,也有传统工业文明留痕;既有敢为人先的进取精神,也有安逸守成的保守观念;既有高瞻远瞩的智慧,也有利益得失的精明运作;既有对传统道德的恪守,也有对开放吸纳的渴望,相辅相成,融汇交织,灵动机智而不乏沉稳,温润祥和而不乏进取,安逸自足而不乏变革追求,这是一种孕育于吴文化的摇篮而又具有现代气质、具有实用性旨归的文化,多重因素奇妙而复杂地纠葛交错,共同造就了无锡鲜活生动的文化景观。

开放而包容,敏察而善纳,是无锡工商文化的鲜明特色,它与吴文化传统一脉相承。远古的勾吴国存世期间,其治国文化就已呈现出开放性特点,吴国地处边远,人才稀少,历代吴国统治者不惜引进其他诸侯国人才并赋予重任。历史上对吴国施政产生重要影响的伍子胥、伯嚭、孙武、申巫臣、申狐庸等,都不是吴国本土人,而来自人才相对较多的齐楚之地。在军事技术上,吴国也善于学习和吸纳,借鉴了齐、晋、楚多国兵学传统、车战技术、水战之道,并融会贯通,形成了自身灵活多变的兵法。正因为善学善纳,偏于一隅的吴国才得以在寿梦时期"始强",至阖闾时期更是所向披靡,跻身"中原五霸"之列。

越王勾践灭吴后,吴越疆土融为一体,经过大规模战争的整合,吴越文化发生更多互渗,变得水乳交融。吴楚交战以及后来春申君的统治,使得吴文化与荆楚文化有了诸多交流碰撞,吸纳了楚文化绚烂富丽的因子。东吴时期,吴地沿海与海外的交流相当发达,在不同区域间频繁的经济交往中,文化传播也十分活跃。其时,佛教开始传入,南朝时达到全盛,对吴文化影响深远。

永嘉之乱、安史之乱、靖康之乱三次大规模的政治变动和由此产生的人口迁徙,为江南带来了人才、资金、文化和技术等资源,政治中心逐渐南移,有力推动了长江下游的发展。在各种因素作用下,吴地风气由"尚武"、"蛮勇"逐渐转向"崇文"、"重教",内容和形式都产生了翻天覆地的巨变。

贯穿吴地的大运河,不仅促进了无锡经济贸易的繁荣,也打开了一条吸纳交流的文化通途。唐宋以后对漕运的充分依赖,加速了吴地与中原的互动,推动江南地区逐渐纳入经济文化的中心地带。运河穿城而过,有力促进了无锡经济的活跃,使其逐渐成为著名米市、布码头、丝码头和钱码头。

从地理环境看,无锡处于长江下游,通江近海,信息发达,交往便利,溯长江,可直上荆楚巴蜀;环太湖,可周行浙皖赣;沿运河,可贯通京杭;济沧海,可横跨大洲,开放通达的地理环境无疑深刻影响了吴地,也影响了无锡人的生活和心态。

近代是无锡的新生期,得风气之先,以开放的心态,吸纳西方文化,最早开始对传统进行革新。这种开放创新精神,成为无锡工商文化发展的一个基本特点。当西学东渐、中西文化交接成为时代主流,吴文化内涵和实质都发生了变化,对外来文化的兼收并蓄遂成为吴地文化的一大特色。开放、活跃的文化形态带动了吴地社会由传统"农业经济文化"向"工业经济文化"转型,民族工商业得以迅猛发展。

二、水文化的精彩折射

灵动与机智,是吴地水文化在无锡工商文化中的折射。孔子曰"智者乐水,仁者乐山"①,老子说"水有柔德",形象道出了人与山水的依存关系,也道出了自然环境对人潜移默化的陶冶。无锡山水资源得天独厚,浩浩太湖,滔滔长江,悠悠运河,汩汩山泉,星罗棋布的河网水道,勾画出一幅幅旖旎的山

---

① 《论语·雍也》。

水美景。

多水的环境，使吴地古代就成为造船高地，7000—8000 年前，吴人就会制作独木舟。阖闾时期，吴国制造的艅艎大舟长达 40 米，高三层，可载员 600 余人，畅行水路，北威海上。有了水，等于有了路；有了船，等于有了车；有了帆，更是添了动力。吴人因此畅行水上，顺水行船，见风转舵，无所不能。水上的征战、劳作和生活，培养了吴人机智灵活的群体禀赋，无锡人的灵活智慧也得自这一血脉相传。

生于斯、长于斯的工商实业家，其气质、个性中充满了水的特性，随物赋形，柔韧灵动，通达善变，勇于探索，善于进退，这些构成了其聪慧灵动的性格特征。他们敏于感知时代，善于把握机遇，能够根据市场变动灵活应对，不断开拓延展，灵活经营。尤其重视市场信息的搜纳和分析，作出客观判断，争取竞争优势。以荣氏、周氏、唐氏、王氏等为代表的近代实业家，都很注重通过客户、合作伙伴乃至竞争对手，了解供产销行情，分析市场动态，注重发挥企业内部管理系统作用，掌握原料购进、产品发货及库存、资金收付回笼情况，及时作出市场反应。此外，还通过考察踏勘，有目的搜集相关信息，无论是日常购销经营，还是投资扩建新厂，都要认真调查走访，联络社会捐客、跑街、搜寻各地报刊、出版物，深入了解和把握市场动向。既精明灵活又深谋远虑的性格，使他们得以在瞬息万变的市场角逐中造形取势，充分掌握市场主动权。在糟糕的社会背景和严峻的市场竞争面前，他们善于见缝插针，夹缝求存，灵活调度，迅速获利，并瞅准时机迅速将利润转化为企业发展和技术更新的资本，实现企业快速扩张。无锡实业家的灵活经营，还体现在企业之间的精诚合作，协作发展。为抵制日货，促进区域纺织业协作，荣氏不惜拿出原料、配件帮助同行，薛氏则积极构筑跨国经营优势，推荐同类产品外销。实业家的互利合作、互为支撑、综合配套的经营模式，超越了日常的"小聪明"，体现出一种超越狭隘的智慧。

吴文化给予的最大馈赠，是一种善于判断、充满智慧的创造力。这种灵动机智的创造力千百年来渗透无锡的每寸土地，也流淌在无锡人的血液里，令无锡人能够恰到好处地利用地利天时，千年来不仅很好地维持了温饱，并能日渐走向富裕。无锡是一座富水城市,智慧灵动的文化个性与"水"有千丝万缕的联系。无锡依山傍湖、通江近海,渔猎蚕桑,富庶温润,水的特性对无锡人影响至深。水的柔和温润,进退自如,赋予无锡人温和灵活、通达圆润、求变进取,又能掌握分寸,懂得进退的素质。浩浩太湖水润而不媚,蜿蜒的大运河则营造了通达,太湖、运河动静相宜,二水在文化上形成绝佳互补,共同孕育了灵动、包容、通达、务实、敏察而善纳的无锡文化。

　　20 世纪 80 年代初期,无锡诞生了一句颇为浪漫也颇为柔情的旅游广告语——"无锡充满温情与水"。这句不乏温馨的广告语,真实地道出了无锡文化的鲜明特点。无锡与"水"的关系,还可以扩展到长江与黄河。无锡的水文化,是太湖文化、长江文化和黄河文化的结合,既有温润细腻的一面,也有开放宏阔的一面,亦柔亦刚,刚柔相济。水,是无锡人流布于肢体的血脉,也是内心深处的文化基因。反映在性情禀赋上,呈现出如水一般的特征,灵活机敏,善于变化,通达而温润。

图 1-6　樱花烂漫的鼋头渚

图 1-7 樱花烂漫的鼋头渚

"水"是无锡城市的特色,"水"也是无锡人的名片。无锡很早就有"鱼米之乡"之美称,而经济的富裕,土地的肥沃,水产的丰美,很大程度上是因为太湖和水网资源。近代以来,水运成为运输的主要渠道,借助京杭大运河的通达之利,无锡逐渐成为沟通南北东西的"布码头"和"米市"。

历史上的无锡,本是一座以水为脉、以河为街的水城,除了古运河、梁溪河、梅梁河以外,在城市的改造和扩建中,许多河塘小桥已不见了踪影,但许多街道地名仍然保持着当年的名称,成为当年城市水网的佐证。从前西溪、后西溪、东河头、西河头,到东映山河、西映山河;从大河上、小河上、新开河、大河池,到荷花荡、白水荡、鸭子滩;从南上塘、水沟头、浅水湾、水车湾,到田基浜、置煤浜、南河浜、老鸦浜、周山浜、骂蠡港;从三凤桥、茅竹桥、迎溪桥、三茅桥、三里桥、鸭城桥、中市桥、南市桥,到虹桥下、岸桥弄……无数地名引你去想象旧时锡城绿水萦绕,舟樯往来的水城情景。

无锡不仅地面水多,而且气候湿润,降水也多。"随风潜入夜,润物细无声"的绵绵春雨,雷电伴劲风,来去定无踪的朗朗夏雨,"潇潇复潇潇,连夜到天明"的沥沥秋雨，不仅成为江河湖泊的源源活水，而且让画船听雨眠、夜雨读闲书、"观雨听松古亭外"成了诱人遐想、诗情画意的江南好风景，也令无锡人的日子变得滋润饱满、温柔多情、多彩多姿，无锡人的性格也因为吸收了这种气质而变得温和、圆润、通达、得体。

图1-8　充满诗情画意的蠡湖黄昏

就文化品格气质而言，"水"和"山"是截然不同的。孔子说，"智者乐水，仁者乐山"，说的就是这种区别，简单的话语可谓道破了环境对人的深刻影响，和人的性格与山水的关系。得"山"之精华而生成的文化品格以仁厚质朴、稳实凝重为主体，因水之精神而生成的文化品格则以灵动智能、通达善变为主体。

三、务实进取成就两次经济飞跃

机敏聪慧而又务实进取的文化性格，成为无锡人求生存、谋发展、求实效的强劲动力，为无锡带来了许多实际利益。

古代无锡农业发达，但地少人多，为了解决生存和致富两大问题，人们很早就会利用天时地利探索多种经营，不仅将普通的粮食耕种出了全国最高产的水平，还广泛利用河塘养鱼，洼地种植水生作物，栽桑养蚕，养畜育肥，据当时记载,多种经营的农户比单纯种粮农户年收入约高出三倍以上。

明代以来,太湖流域成为全国棉纺织业的中心地区,苏州、松江、常州三府所辖各县都成了当时著名的产棉区,唯独无锡一县不种棉花。并非无锡人不懂得种棉比种粮收益更大,而是精明地看到了更大的利益所在——棉花加工和棉产品的买卖。无锡人办起了许多棉纺织手工业,很快便获益丰厚。棉花的深加工及其贸易,带来了人流、物流、财流,推动无锡向"布码头"市场迅速发展。这种在单纯种粮和多种经营之间的选择,在农业和手工业及贸易之间的选择,充分显示出无锡人的务实与精明。这种善于把握机会的务实与精明一直影响到近代以后无锡经济的崛起,以及后来形成以加工工业为主的城市经济格局,对区域社会形态、经济格局的形成具有深远的历史意义。

无锡人的精明务实,造就了近代以来最激动人心的两次经济飞跃:一次是在20世纪初叶,另一次是在20世纪70年代末至80年代初。第一次飞跃是建立在商业大流通和由此而来的思想及眼界的大开放基础之上的民族工业开始崛起,它使无锡在经济总量上大大超越了人口和地域都大许多的东南重镇苏州,经济实力跃升至全国工业城市第五位。第二次飞跃是中国改革开放以后无锡乡镇企业如流星般速度的异军突起,这使无锡一举成为中国改革开放发展过程中一个耀眼的亮点,城市经济总量再次跻身全国前五位,并持续了相当一段时间。这两次经济飞跃,完全可以视为无锡文化性格在现代社会的最生动的演绎,也充分奠定了无锡在全国举足轻重的地位。

吴文化造就了无锡悠久绵长的历史,由明媚秀丽的生态文明、精耕细作的农业文明和包孕吴越的太湖文化三者结合孕育的文化形态,具有鲜明的吴地特点。但因为无锡工商实业崛起最早,发展最快,对城市影响最大,所以最能赋予无锡文化个性与特色的,则是近代城市经济飞跃带来的工商文化特色。

第二章

发祥：中国民族工商业的摇篮

中国的民族工商业发轫于清末民初，以民族资本兴办现代企业为标志，上海、广州、天津、武汉、青岛、无锡等城市都是重要的发祥地。在 20 世纪初叶中国民族工商业崛起的那场历史大潮中，上海、广州、天津、武汉、青岛等早已是举国闻名的大都市、大码头、大商埠，只有无锡是唯一以县级身份跻身"中国工商六强"的城市，创造了罕见的超常规发展奇迹。

图 2-1　位于运河羊腰湾的业勤纱厂旧址

无锡民族工商业的成就,无疑令人刮目相看。从民族企业发轫时间看,中国近代史上,非官办或买办性质的纯民营工商企业,无锡杨宗濂、杨宗瀚兄弟创办于 1895 年的业勤纱厂是国内创立最早的民族资本企业。从创造的经济价值看,无锡民族工商业在抗战爆发前夕的 1936 年工业总产值已达到 7726 万元,列全国城市第三位,仅次于两大口岸城市上海和广州。当时无锡的工厂数为 315 家,超过青岛的 104 家,列上海、天津、广州、武汉之后,位居全国第五。无锡的工业投资总额为 1407 万元,资本总额为 3500 余万元,位居全国第五。无锡县城从业工人数达到 65000 余人,列全国第二,仅次于上海,从业工人数占当地人口比例位居全国第一。无锡一地的纺织、面粉产量都占到全国的三分之一,三分天下有其一,在六大民族工商业发祥地中所占比重极大。这些数据,都是无锡作为中国近现代工商业发轫地的历史佐证。

第一节　孕育于商品经济的沃土

无锡经济的突然崛起和快速发展,有着特殊的背景。作为江南地区开发最早的城市之一,无锡是有着悠久历史的吴文化发祥地,自然环境得天独厚,交通条件便利通达,民性灵活开放而务实,有着发展商品经济的肥厚沃土,这一切为近代无锡工商文化的萌生奠定了重要的基础。

早在 6000—7000 年前的新石器时代中晚期,太湖流域在稻作、渔猎、家畜饲养等综合经济基础上,手工业已开始萌芽生长。从马家浜、崧泽和良渚文化遗址的考古发掘中可以看到,无锡一带先民已会制陶,并已形成釜、豆、罐、钵、鼎、壶、杯等器型,造型独特,并饰以地方特色印纹、彩绘,实用而美观。用于佩饰和礼仪的玉器制品,选材讲究,外形美观,雕琢抛光已达较高水平。尤其是作为礼仪器具的玉琮、玉璧、玉钺等,造型稳重,纹饰独特,形成绚丽奇特而具有神秘意味的构图特征。同时,太湖流域的原始纺织在利用野葛、苎麻捻纱、织造葛布麻布的同时,开始了养蚕缫丝,诞生了丝带、丝绢等织物,这一地区出土的织物残片,以及大量石、陶纺轮,骨锥、骨针,陶器上的织物印纹等，都留下了实物的见证。竹木制品也花色复杂，做工细致。竹编器物有篓、篮、箩、簸箕、倒梢、席子、篷盖、门扉、绳束等。木制品既有木盆、木槽、木千、木杯等生活容器，也有木桨、木杵、木榔头等劳作工具。原始手工业的兴起，明确了社会的分工，从业人群之间的物品交换，开启了原始商业的模式，不仅决定了财富的分配和占有，也深刻影响了先民的观念。

3200多年前的商晚期，泰伯、仲雍从陕西周原南奔荆蛮，带来中原农耕文明，受到吴地土著拥戴，"从而归之千余家，立为吴太伯"①。泰伯率领先民兴修水利，开凿伯渎，教授蚕桑，教化礼仪，使江南初步得到开发，造就了"数年之间，民人殷富"②的局面。

春秋战国时期，包括无锡在内的太湖流域的手工业、商业初步发展。陶瓷业在印纹硬陶、釉陶的基础上出现了原始瓷器，烧制工艺提升，器型、纹饰更为繁复多变。早期青瓷的大批量、专业化生产，使制作工艺和生产组织都有了质的飞跃。

纺织业在春秋时期有了长足发展，墓葬中出土的纺织工具和织机部件，都显示出纺织技术的改进提高。湖州织里成为官营纺织工场和民间织户的聚集之地，带动了吴地"绣衣锦裳"技艺的提升。据载，吴公子季札出使中原时，便以绢帛、缟带为重要礼品。《史记·吴太伯世家》中记述了吴楚边界二女"争桑"而爆发战争，吴越交战也以大宗葛缔为战争赔偿，国与国为争夺生产资源而战斗，而战胜者可以获得生产资源和产品的赔偿，这都表明了吴地手工纺织业发展的程度、地位的重要、生产规模的扩大和经济观念的明确。

随着冶炼技术的进步，鼓风炉得到改进，提高了炼炉温度，铸剑质量大幅提高。传说干将、莫邪为吴王阖闾铸剑时，"使童女童男三百人鼓囊装炭，金铁乃濡，遂以成剑"③。当时，吴越之地冶铜和铸铁技术已领先于各诸侯国，青铜器中尤以兵器精美锐利、农具种类齐全而著称，其礼器、食器、酒器、乐器则借鉴融合中原（早期）、楚地（晚期）的工艺技术，以陶器的几何纹饰与铜器纹

---

① 《史记·吴太伯世家》。
② 《吴越春秋·吴太伯传》。
③ 《吴越春秋·阖闾内传》。

饰交互并用,并创制出薄胎、刻纹的独特青铜工艺,湛卢、纯钧、鱼肠、属镂等"吴干名剑"和铸剑者欧冶、干将、莫邪等因此而名播遐迩。

至春秋晚期,吴地已能炼铁并锻铁为器,青铜和铁制工具的广泛使用,对水利建设和造船、运输业的发展起到了巨大的推动作用。夫差时期,出于争霸和水利需要,吴国投入了巨大的人力物力财力,开凿了人工运河邗沟,沟通太湖与长江、长江与淮河,这条邗沟对南北交通和商业贸易有着重要积极的意义。

手工业、商业和交通运输业的发展,使吴地市镇在军事、行政功能之外,增加了商贸功能。史籍中随处可见"吴市"的记载,虽然这一时期吴地市镇规模和集散功能还处在初级阶段,但城镇中琢玉、铸冶、纺织等手工作坊,陶瓷、青铜器、竹木器等专业集市,已形成繁盛的市廛人烟,孕育了具有江南地方特色的世俗文化。

吴越战争结束后,范蠡洞察越王"可与共患难,不可与共乐"[①],弃官隐居无锡,"乘扁舟浮于江湖"[②],曾在五里湖养鱼经商,后辗转于齐鲁之地,皆富可敌国,被司马迁誉为"三迁皆有荣名"[③]。范蠡作为春秋时期的货殖专家,其经商之术和致富故事,影响了一代又一代无锡人。荣德生就曾不止一次与同道讲述范蠡经商致富的故事,说:"尝思陶朱公,忆则屡中,非偶然也。"他潜心研习"陶公商学",据以"密察盈虚消长",预测市场行情涨落,"颇有会通"[④]。其合作伙伴、福新后主王禹卿,在沪经营面粉厂致富后,亦"慨慕范大夫之为人,既师其殖货以起家,复效其散财以治乡",1927年在蠡湖旁择地建园,临湖布景,垒石凿池,经三年建成蠡园,"以蠡大夫之名名之,示不忘也"[⑤]。王禹卿的妻舅陈梅芳,在沪经商发达后也于蠡园西侧建"渔庄",取名源自范蠡在此养鱼并著《养鱼经》之典。申新三厂总管薛明剑十一岁就读私塾时便表示,"此

---

① 《史记·越王勾践世家》。

② 《史记·货殖列传》。

③ 《史记·越王勾践世家》。

④ 荣德生:《乐农自订行年纪事》民国十九年纪事,《北京图书馆藏珍本年谱丛刊》第197册,北京图书馆出版社1999年版,第446页。

⑤ 王禹卿请人所撰《蠡园记》。

生愿学陶朱公"。许多工商实业巨子视范蠡为他们心中的商神、榜样,好学勤思、事业大成。

秦汉至魏晋,无锡地区工商经济,主要是手工业,尚处于孕育和缓慢整合中,优势尚不突出。西汉初(公元前202年),无锡置县,最初为吴王刘濞属地。刘濞凭借封地内优越的资源条件,煮海水为盐,冶铜山为铁,积聚财富,并起兵直逼西汉中央政权,以致酿成公元前154年的"吴楚七国之乱"。这一时期,吴地铸铁技术有新的提升,优质的韧性铸铁得以问世,被誉为"百炼钢"。

陶瓷业、丝织业、砖瓦业等也在社会需求扩展中增强了生产供给功能。但"七国之乱"平息后,中央政府持续奉行"强干弱枝"政策,通过迁徙富户,抑制兼并,禁止关榷,加重赋税,将地方手工业生产和商业经营控制在一个较低水平,以达到巩固中央集权目的。这段时间的江南地区,经济文化处于徘徊状态。

发生在魏晋时期的"八王之乱",导致晋室南渡,多达90万北方士族移民江南,打击了北方经济,却为江南的后世发展奠定了基础。唐代中期长达八年的"安史之乱"再次造成大批中原移民南迁,及至1127年金兵攻破汴梁,赵构率部逃往江南,在杭州建立了南宋,再次造成了大量中原士族和物资的南流。偏安一隅的南宋朝廷对地方农商经济实施相对宽松的政策,促进了江南经济的开发和全国经济中心的南移,形成了朝廷官府"辇越而衣,漕吴而食"的格局,虽然地盘缩小,但朝廷财政收入甚至高于北宋时期。

明清时期,是无锡工商经济走向繁荣的重要阶段。以农业生产为基础的手工业有了长足发展。因为城市建设的兴起,"苏作"工匠灿烂辉煌,大至全国宫殿城墙亭台楼阁,小至家具摆设,几乎都成为"苏作"的天下,而对应着这种精细所需的配套,砖瓦业则成为明清无锡最重要的手工业之一,"向自吴门而外,惟锡有砖窑,故大江南北不远数百里取给于此"①。自明洪武时期起,无锡连年为南京建城提供大批筑城用砖,一直称盛于正德。至清代,砖瓦生产规模进一步扩大,南门一带形成了专门为大窑供给瓦坯的专业窑户。无锡"砖瓦盛

---

① 《无锡县志》。

行于数百里内外",质量数量皆属一流,"大江南北,以无锡之砖为贵"①。

图 2-2　南长水弄堂

春秋时期无锡的造船业就已十分发达,是有着七八千年历史的古老行业,阖闾时期曾经造出过长 40 米的三层楼船,可载员 600 余人。唐宋时期,吴船遍行天下,明代时,江南造船已形成专业性生产规模。无锡生产的"西漳船"因舱容大、吃水浅、航速快、易装卸,成为清代中后期江苏内河木帆船的主要船型。

无锡的冶铜和铸铁业在明清时期也有了新的发展,形成了民用铁锅和寺庙用法器两大产品系列,声名远播。

明清时期无锡的酿造业可谓长盛不衰,地产惠泉黄酒(也称泉酒)更是因广受喜爱、销路甚广而享誉全国。惠泉黄酒南宋时就很有名,由当时聚居惠山的蒋氏首创,原料为上等糯米与粳米,按一定比例,以二泉水酿造。明代惠泉酒已行销全国,并被作为馈赠佳礼,清代刘廷玑《在园杂志》(卷四)载:"京

① 李伯重:《江南的早期工业化》,社会科学文献出版社 2000 年版,第 211—213 页。

师馈遗,必开南酒为贵重,如惠泉、芜湖四美瓶头、绍兴、金华诸品,言方物也。”惠泉酒名列南酒之首,是依仗它的质高而味醇。明末的王思任、张岱等都曾在惠山品尝过此酒,多有赞辞。清代时,惠泉酒风靡京城,久盛不衰。康熙帝南巡时曾在惠山品尝此酒,并留下《无锡小民以羔羊惠酒争献御舟笑而遣之》一诗。全盛时期,无锡全城有酒坊 200 余家,年产酒“数十万斛不止”,清代诗人杜汉阶这样描写惠泉酒的销售盛况:“惠山泉酒久驰名,酒店齐开遍四城。最是江尖风景好,红阑绿柳远山横。”①可见其时无锡酒香诱人、商贸繁荣之景象。

刻书印书业的基础大体是文化加财力,无锡在明清时期已初步形成产业,并出现了由文人刻书向商业性书坊发展的趋势。从荡口华珵的雕版和木活字印书,到华燧的会通馆、华坚的兰雪堂以及安国桂坡馆的铜活字印书,吴地的校勘、排版、印刷、装帧的技艺水平不断提高,并逐渐成为全国印书高地。在流传至今的顾起经、顾起纶奇字斋印书的附录中,可以看到无锡印刷作坊分工的细致。

明清以来,棉纺织业一直是与农业生产同等重要的营生和收入来源。明末时,江南地区民间织机数量已经超过 1.5 万台,是官营织机的四至五倍,已是一个十分庞大的产业。无锡的纺织业发展情况在徐光启的《农政全书》中有间接的反映:“(松江)壤地广袤不过百里而遥,农亩之入非能有加于他郡邑也。所徭其百万之赋,三百年而尚存视息者,全赖此一机一杼而已。非独松也,苏、杭、常、镇之布、帛、枲、纻,嘉湖之丝纩,皆恃此女红末业,以上贡赋税、下给俯仰,若求诸田亩之收,则必不可办。”②无锡的怀仁、宅仁、胶山、上福等乡,因土地相对贫瘠,所以男女老幼均以纺纱织布为业,出产的土布既多又好,被誉为“泰伯乡”的许家桥出产的窄幅“高丽布”,以及荡口等地用黄麻和蚕丝混纺织出的制作夏衣的緸布,在市场上更是广受欢迎,十分畅销。

随着棉纺织业的发展,社会分工逐渐细化,出现了专门销售店铺、棉花加

---

① 杜汉阶:《梁溪竹枝词一百首》第 63 首《逸轩诗草》。

② 徐光启:《农政全书》卷三十五《蚕桑广类·木棉》。

工和棉织品贩运,这些行业的丰厚利润,更刺激了民间商贸发展。无锡北门外的莲蓉桥堍逐渐成为布匹交易之所,运河上客商往来,舟楫不绝。沿河众多商铺构成了相当规模的布市,布商们坐地收购,再销往其他地区,仅与淮阴、扬州、高邮、宝应地区的交易"一岁交易,不下数十百万"①。至清初,无锡已是远近闻名的布码头。棉纺织业成为农民的副业,有其深刻原因,苛捐杂税的重负,一般百姓粮食产量在缴纳了税粮之后,只剩下三四个月口粮,此后大半年生活就必须依赖副业方可温饱。且经营棉、布、丝茧等商贸活动的商人,数年之内便可发家致富,这一现实更加激励了民间从商的热情,成为工商文化发展的民意基础。

鸦片战争前,花行、布行和丝茧交易进一步发展,与当时北门外的粮食交易一起,形成了运河沿岸极为繁荣的贸易景象,规模超过了清代中期。清末时,无锡的木织机有 4.5 万台,面产布匹超 300 万匹,占全国棉布产量的 6.7%,加上从江阴、常熟等地收购转卖部分,无锡的棉布年销售量约 800 万—1000 万匹。当时无锡城乡交易量较大的布行有 12 家,最著名的商号有唐时长、李茂记、王隆茂、张全泰等四大布行。正是在民间纺织品生产和交易的刺激下,纺织业最终成为了无锡重要的支柱性产业之一。

鸦片战争以后,蚕桑缫丝业成为无锡农村主要富业,可谓"桑柘含疏烟,处处倚蚕箔"②。19 世纪六七十年代,太湖地区的蚕丝开始销往欧洲,1878 年,无锡一跃而成为江苏最大的产丝县。1880 年无锡丝产量为 3220 担,其中 40%出口海外,60%销往上海、南京等地。据当年 5 月 14 日《申报》载:洋务运动以来,"该处(无锡)荒田隙地,尽栽桑树,由是饲蚕者日多一日,而出丝者亦年盛一年"。由于桑蚕业的发展,乡村茧灶、茧行开设成风,到 19 世纪末,无锡出现了近代机器缫丝工业,成为近现代丝绸生产基地之一,无锡的绸缎庄遍布街头,县城内就多达数十家。至 20 世纪 30 年代,无锡丝厂总数、蚕丝产量、品质和出口吨位,均居全国榜首。

---

① (清)黄卬:《锡金识小录》卷一。
② (唐)陆龟蒙:《奉和袭美太湖诗二十首·庵里》,《全唐诗》卷六一八。

明清时期,无锡除了米市、布码头、丝茧市场及其背后的碾米、磨粉、榨油、棉纺织、缫丝等手工业,还以大宗商品长途运销为基础,形成一定的市场组织和交易方式,成为近代工商经济和工商文化发展的直接前导。

与其他许多地方不同,无锡民间对传统视为"末技"的工商,似乎从未鄙视过。从用计然之策使越国富国强兵、后又弃政从商、治产积居、"三致千金"的范蠡,到善于经营、"饶于资而具大经济"、号称明朝无锡三巨室的安国、邹望、华麟祥,不仅致富有道积累起令人称羡的巨额财富,而且凝聚成"积著之理"、"赢缩之谋",从而形成一种突破"义利之辨"、反叛"重本抑末"而重视工商的历史文化传统,他们的成功,无疑为后世的工商从业者树立了一种典范。

明代《荣氏家训十五条》中"蒙养当豫"称:"他日不必就做秀才、做官,就是为农、为商、为工、为贾,亦不失为纯谨君子。"其中"业职当勤"一条更明确地说:"士农工商所业虽不同,皆是本职。"而代表了知识阶层的东林党人目睹江南地区民间手工业商业的蓬勃发展的"商经济事实",一反重农抑商、崇本抑末的传统观念,明确提出工商为"生人之本业"(赵南星),"农商同利","士商异术而同志"(王献芝),"良贾何负宏儒"(戴震)等观点,并要求朝廷从"为商为国"出发,"曲体商人"(李应升),"体恤铺行"(高攀龙),"爱商恤民",使"上不妨工而下利于途"(李应升)这一系列观点主张,连同工商经营实践,最终沉淀积累为无锡社会的主流价值观念。随着商品经济的活跃,无锡民间的观念日益务实,逐渐蔚成肯定工商、热衷经营致富的新理念。

第二节 西风频吹助推实业繁兴

素享"鱼米之乡"、"太湖明珠"美誉的无锡,区域位置优越,气候温润,土地肥沃,很适合稻作蚕桑和淡水养殖,为农业和工商业发展提供了优越的自然条件。无锡位居沪宁中心,南襟太湖,北枕长江,京杭大运河贯通南北,水系相通,交通便捷,与开放口岸和经济中心的上海有着特别紧密的经济社会联系,这为工商经济的发展提供了必要的经济要素和社会支撑条件。但是,自然环境和交通区位优势,并非无锡工商文化蔚起的唯一条件,无锡工商业的繁兴与近代洋务运动的推动、新文化的传播关系甚大。

洋务运动发轫于1861年,绵延至1894年,对中国近代化进程产生了极为深刻的影响。洋务派主张"师夷长技以自强",倡扬发展民族工业,以求"富民强国"之目的。洋务运动是近代中国第一次大规模模仿、学习西方工业化的运动,是一场在维护封建皇权前提下由上而下的改良运动。洋务运动引进了大量西方科技成果,译介了大量西方著作文献,培养了第一批留学童生,打开了西学之门,催生了一大批民族实业的发展。在这场运动中,无锡人得风气之先,迈出了发展民族工业、快速崛起的第一步。

近代无锡的发展令人炫目,从晚清至民国初年,一批杰出人物如群星闪烁,民族工商业和新式教育如雨后春笋,快速成长。两千年中一直居于小城地位的无锡,在数十年中一跃而起,成为令人瞩目的工商业明星,人才鼎盛,才俊辈出,令时人击节赞叹。

梳理无锡近代发展历程可以发现,小城的快速崛起,有几方面力量的推动,除了得益于历久形成的灵动、开放而务实的民性,让无锡人在时代发生大变动之时审时度势,及时把握千载难逢的机遇,走在了民族创业大潮的前列,还得益于一个关键人物的鼎力推动。他,就是晚清重臣、洋务运动的倡导者李鸿章。

中国近代史上有一个十分重要的年份:1860年。在北方,这年2月英法联军开始进攻中国,至10月占领北京,火烧圆明园,皇帝逃往热河行宫,清朝政府被迫先后签下了《天津条约》和《北京条约》。5月俄罗斯出兵占领中国东北重要港口海参崴,10月签订中俄《北京条约》,吞并了中国40万平方公里的领土。在南方,曾国藩率领湘军、淮军与太平军激战。这年2月,曾国藩分三路进攻安庆,至5月完成对安庆的包围。此后,双方激战不断,至次年8月初,安庆城弹尽粮绝,湘军全线进攻,太平军溃败。在清朝与太平军战争的关键时刻,翰林院的文官李鸿章悄然崛起。

这是一个影响中国近代进程的年份,无锡近代的发展变化也在此时启动。这一时期无锡出现的诸多杰出人物,几乎都与李鸿章有关。1860年之后，杨宗濂、杨宗瀚、徐寿、徐建寅、华蘅芳、华世芳、薛福成等对无锡产生至关重要影响的人物，开始崭露头角。他们有近代民族工业初创者，有近代最早的科学家、杰出的教育家、优秀的外交家和洋务机构管理者，堪称无锡近代杰出人物的代表。而他们的引路者和后来的庇护者、提携者，无一例外，都是李鸿章。

晚清爆发的太平天国运动和洋务运动，给予了无锡才俊接触李鸿章的机会。同治元年（1862 年），李鸿章受命统帅淮军 9000 人，自成一军。不久，由曾国藩推荐，李鸿章出任江苏巡抚，次年 2 月又兼署通商大臣。此后，李鸿章率淮军攻占苏州、无锡、常州等地，平定了江南。接着北上安徽、山东，镇压捻军，因功赏加太子太保衔，授湖广总督。在纵横官场近 40 年后，升任直隶总督兼北洋通商大臣。

在那段历史进程中，李鸿章表现出不同于一般官员的眼光，突破禁锢，解放思想，学习西方，这使他能够在中西社会对比中看到差距，大胆学习借鉴西方先进的技术、武器和管理，由此成为洋务运动的积极倡导者和推动者。他多年转战江南，抚恤地方，其思想行为引起了江南社会精英的关注，尤其是思想开放、渴望建功立业的青年才俊的向往。而无论与太平军作战，还是学习西方开拓创业，李鸿章都需要网罗人才。于是，所谓的因缘际会，就在这个动乱与变革交杂的历史阶段发生了。

洋务运动是晚清重大的历史转折点，标志着古老中国无法再自我陶醉于古老悠久的文明，不得不打破老大心态，睁眼看世界，寻找重振华夏的强国之道。在这场运动中，李鸿章清醒地看到：中国正处于"数千年未有之变局"，"识时务者当知所变计耳"[1]。他希冀"我朝处数千年未有之奇局，自应建数千年未有之奇业"[2]。洋务运动所涉及的各个领域以及取得的各项成就，无不与李鸿章的提倡和开拓紧密相关。

洋务运动的核心目标是强军富国。李鸿章麾下的淮军首先接受近代军

----

[1]　李鸿章：《复王补帆中丞》，见《李文忠公全集　朋友函稿》第十卷。
[2]　李鸿章：《议复张家骧争止铁路片》，顾廷龙、戴逸主编《李鸿章全集》（第 9 册），安徽教育出版社 2008 年版，第 258 页。

事装备、制度和训练,积极引进西方先进军事理念、制度和装备,并致力于打造军备生产机构,相继创办了苏州机器局、金陵机器局、江南制造总局,组建了北洋海军,建设了天津大沽新式炮台和大连、威海等军港。同时,李鸿章还大力创办民用品生产企业,积极发展通讯、纺织、机器、矿产、铁路、航运等民族工商业。轮船招商局就是最令人瞩目的一家,它的成立迫使几家驻沪外国轮船公司不得不采取合作的态度平价经营。这些企业构建了中国近代工业体系的雏形。李鸿章还开创了"官督商办"企业形式,促进民族资本发展,1875 至 1894 年创办的 24 家商营近代采矿企业中,有 23 家挂着官督商办的招牌。

李鸿章的洋务运动首先从江南起步。在用人上,他风格独特,"舍变法与用人,别无下手之方"①。他并不拘泥于是否有科举功名,是否仕宦出身,不像曾国藩那样首先属意文人士子,而是量才而用,吸引了大批青年才俊汇聚旗下,江南和无锡的杨宗濂、杨宗瀚、马建忠、徐润、唐廷枢、李金镛、薛福成、徐寿、华蘅芳等,都先后聚集于他门下,成为帮办洋务的得力助手。李鸿章深感清廷朝官暮气沉重、知识狭隘、思想保守,无才可用,而大胆破除戒律启用杰出人才。梳理李鸿章麾下的无锡才俊,有一个共同特点,那就是饱读诗书才华横溢却没有科举功名。若无时代的推动,若无李鸿章的慧眼识人,他们的人生何能如此璀璨?

明清以降的中国,封建专制制度日益禁锢闭塞,妄自尊大,故步自封,闭关锁国,对内实施愚民政策,抑制科技创新,遏制新思想萌芽,以维护极权统治,也导致经济长期停滞不前,国力衰败。当西方国家借助生产工具革新和交通手段改进,建立起新的生产方式、实现产业革命,并迅速向外扩张之时,中国不得不面对前所未有的严峻挑战,坚船利炮轰开了国门,两次鸦片战争的惨败和国内风起云涌的农民起义,使统治阶层中的有识之士率先惊醒,发出了变法图强的呼声。无锡的薛福成就是其中杰出的一位。青年时代,他曾

---

① 李鸿章:《筹议海防折》,顾廷龙、戴逸主编《李鸿章全集》(第 6 册),安徽教育出版社 2008 年版,第 160 页。

因洋洋万言的《上曾侯相书》深受曾国藩赏识，遂成为"曾门四弟子"之一。又因《海防密议十条》被清廷采纳而声名鹊起，成为李鸿章幕府。其后写成的《筹洋刍议》更为洋务运动提供了理论依据。光绪十六年（1890年）一月，薛福成奉命出使英法意比四国，对西方近代文明进行全方位的考察之后，他"开新"、"务新"、"富国强兵"的思想得到了升华，更深刻地意识到富民强国需"以工商为先"，无商不足以利农，"非工不足以开商之源"；一国之富强"工为其基而商为其用"①。他也清楚看到，西方各国工商兴起，得益于"智创巧述，日异月新"，"工艺日精，制造日宏"②，进一步提出"开物成务"，模仿"西洋纠股之法"，创办股份有限公司，"纠众智以为智，众能以为能，众财以为财"，通过创办公司，达到"众志齐，章程密，禁约严，筹划精"③的目标。

薛福成的"言人所不敢言"震动朝野，他的"万言书"被多位洋务大臣抄录并置之案头，又被刻印成书被人争相传阅。在无锡，他的"工商为先"、"精研艺器"、"创制公司"的思想，很快为乡人所接受和实践，由此踏上从事工商实业和兴教科研之途。薛福成长子薛南溟，践行父亲之志，毅然弃官从商，先后在沪锡开办多家机器缫丝厂，成为无锡丝织业之首，其孙薛寿萱继承父业并发扬光大，成为江南地区的"丝茧大王"。

两次鸦片战争的结果，使西方各国加紧了对华经济侵略，中华民族生存危机日益严重。在中国"求强"、"求富"为目标的洋务运动中，有识之士深感"器物之不足"，故提出"师夷长技以制夷"，主张学习西方科技，打造自己的坚船利炮。这一过程中，无锡人徐寿、徐建寅父子，华蘅芳、华世芳兄弟是重要骨干和核心。徐寿青年时代即厌弃科举而讲求经世之学，喜欢钻研制作技艺，帮人修理器具，铁、木、泥、瓦、纺织、缫丝等样样精通，不仅善动手、善改革且善究其原理，从而扬名无锡城。华蘅芳乃官宦子弟，小徐寿15岁，同样厌

---

①　薛福成：《筹洋刍议·商政》，丁凤麟、王欣之编《薛福成选集》，上海人民出版社1987年版，第540页。

②　薛福成：《用机器殖财养民说》，丁凤麟、王欣之编《薛福成选集》，上海人民出版社1987年版，第420页。

③　薛福成：《论公司不举之病》，丁凤麟、王欣之编《薛福成选集》，上海人民出版社1987年版，第480页。

恶科举而对数学有着非凡天分和浓厚兴趣，年轻时已熟读古代各种数学著述，与徐寿成为莫逆之交。

1855年，徐寿、华蘅芳联袂游上海，在英国传教士开设的墨海书馆购得了几何、代数、微积分、金学、博物等科技书籍，又结识了著名数学家李善兰，借得《博物新编》一书和部分科学实验仪器。返锡后，二人全身心投入科学实验，数年后，他们和"覃思之士"、"精巧之匠"一起，在李鸿章成立的安庆军械所研制出了中国第一批火炮弹药、第一组船用蒸汽机和第一艘木壳蒸汽机小火轮。在南京金陵军械所造出中国第一艘自制轮船——黄鹄号，在上海江南制造局造出中国第一批用于制造兵轮枪炮的工作母机，其产品"皆与外洋所造者足相匹敌"①。

在江南制造局期间，徐寿、华蘅芳等不仅主持技术工作，参与各项设计、测试、实验，而且创办了翻译馆，翻译西方科技名著上百种，推动上海成为西学传播的中心。为了推进科研人才培养，徐寿父子与在沪的西人合作，创办了格致书院，这是一所集讲学、研究、咨询及图书阅览、博物陈列于一体的机构。徐寿、华蘅芳亲自在书院讲授工程、技术课程，开展各项科学实验，发挥了"振兴艺学"、"储备人才"的作用。在他们的影响下，无锡后学纷纷放弃科考，转而学习数理和外文，走上科技探索之路。这一现象标志着无锡社会风气的深刻变化。

新文化的传播为无锡带来了新风尚，也引领着大批文化科技人才的成长。

经济社会的发展需要观念的突破与更新，也需要新理念的广泛传播。在社会变动、中西文化交流碰撞的近代，原来恪守科举、寻求仕进的社会中下层知识分子，开始抛弃四书五经和迂腐八股，走上新的人生之路。在这股大潮中，无锡知识分子似乎觉悟得最早。19世纪中叶，年轻的薛福成就大胆在科考中交白卷而上书万言，大胆提出治国之想。跻身官场之后，薛福成仍未恪

---

① 曾国藩：《奏陈新造轮船及上海机器局筹办情形折》，《曾国藩全集》（第 10 册），岳麓书社 2011 年版，第 214 页。

守成规，而大胆提出"富民重商"、"工商立国"理念，影响了许多本土学人。

"梁溪七子"之一的裘廷梁，虽出身仕宦之家，却绝意仕途，热心格致之学，"观象制器"，主张"加入巧工于天然物品，以利民用而厚民生"。壮年时，裘廷梁就组织白话学会，创办《无锡白话报》，致力于开通明智，宣传变法维新。晚年则任职锡金军政分府，参与地方光复共和。他的侄女裘毓芳，主持《无锡白话报》编务的同时，以笔名"梅侣女史"发表文章，翻译介绍《俄皇彼得变法记》，撰写《日本变法记》、《化学启蒙》、《印度记》等，向大众推介《哥伦布探新洲细略》、《麦哲伦探地》等科学故事。裘氏叔侄作为无锡最早的近代意义的自由知识分子，通过新闻报刊这一新媒体传播科学文化，对近代无锡的转型产生了深刻影响。

而对无锡社会走向产生极为深刻影响的，应该是兴办新学的巨大热情和成果。清朝晚期，无锡的兴办新学不仅是当时江苏的一道风景，在全国也是位列前茅，这不仅极具时代意义，而且尽显地方文化性格。

光绪二十七年（1901年），朝廷宣布实施"新政"，逐步废除旧式教育，提倡新学，并相继颁布了《壬寅学制》和《癸卯学制》，光绪三十一年（1905年），科举制度正式废除，全国创办新式学堂逐渐形成高潮。曾是李鸿章幕僚的杨模，1898年创办了无锡第一所新学"竢实学堂"，聘请退休四品大员、著名科学家华蘅芳出任教务长，而华蘅芳也把生命的最后五年献给了这所生机勃勃的新式学堂。

1902年，无锡北乡胡壹修、胡雨人兄弟在天上市①（今村前村）创办"胡氏公学"并附设女学，这是苏南地区最早出现的乡村公学。胡敦复《胡壹修行述》载："先严则竭力筹措经费，实现新学计划，光绪二十八年（1901年）正月，借吾族义庄试办天授乡公学，是为学校之始。"同年，胡氏又创办了"师范传习所"培养乡村小学教育师资，这是江苏第一家独立设置的初级师范学堂，也是中国最早的师范学校之一。后来，胡壹修、胡雨人兄弟在父亲胡和梅创建胡氏公学"老八校"的基础上，以"有村就有校"为目标，在无锡北乡扩建"十七

---

① 天上市，乃村前村的旧名。

校",后又扩充为"六十校",将新学遍及各乡。胡氏办学在学制上充分考虑了乡村特点,首创"单级复式教学法",取得显著效果。依靠工商实业界人士的支持,胡氏兄弟还创办了私立天一中学,并捐出家中数万藏书,建立了首家乡村图书馆——天上市图书馆,其举家兴学、乐育英才的事迹为乡民广泛传扬。在他们的影响带动下,村前村的一大批青年先赴沪接受新式教育,后走出国门留学深造,在更高层次获取科学文化知识,许多人回国后成为教育、科研的精英。胡壹修的三个儿子胡敦复、胡明复和胡刚复,先后留学英国获博士学位,成为社会学、物理学、化学等学科的拓荒者,被誉为"胡氏三杰"。

1905年,侯鸿鉴在无锡创办了"私立竞志女学堂",附设师范科,这是我国近代创办最早、赞誉度最高的女校之一。这一时期,新式学堂在无锡城乡纷纷出现,据统计数据,至清宣统三年(1911年),无锡(含金匮县)共兴办私立新式学堂120多所,民间新学纷起,新式教育渐入佳境。

获得美国康奈尔大学文科硕士学位的高阳,完成学业回乡后,为实现父亲的兴学之志,于1920年变卖了几乎全部家产,在无锡西水关租赁私宅创办了私立无锡中学(今无锡市第三高中),后又在南门外羊腰湾购地新建校舍,其"毁家兴学"之举为人称颂。

所有这些兴办新学的思想开放、学贯中西的教育、科技专家,都与家乡的工商实业家有着密切的交往,互为影响,甚至有所合作。包括咨询企业管理、合作办学和技术开发,以及合作兴办地方公益事业,直至直接进入企业服务,如荣月泉、唐纪云等。这些互动合作,对整个社会造就关注工商实业,而又崇尚文化知识的风气,产生了良好的作用,不仅为企业管理和技术进步准备各类人才,而且为工商业发展营造了良好的社会人文环境。而无锡工商文化的成型,也正在于现代社会化大工业生产方式与科学文化知识相互融合、相互激发。

可以看出,无锡近代工商文化的孕育形成,包含了对传统文化的扬弃与西方近代文明的借鉴,包含了物质财富的创造与人文精神的积聚,从而引发地域性文化形态的嬗变和再生。近代无锡经济、社会发展中多重要素的参与融合,才使无锡在近代走出了如此漂亮的发展轨迹,也使无锡的工商文化具有了自身独特的品格与内涵。无锡工商文化在近现代得到建立和彰显,其

"重工重商、实业救国、创新创业、崇文重教"的内涵"集中体现了中国从农耕文明向近代工业文明、从传统封建社会向资本主义社会转变的文化生态,是中国重大社会转型时期文化变迁的典型代表,对中国近代市场经济的形成和发展产生了重大影响"①。

第三节　大上海的影响与带动

从 1840 年鸦片战争爆发至 20 世纪中叶,无疑是中国历史进程中最忧患深重、多灾多难的历史时期,然而民族灾难却催生了国人的兴邦之梦,有着尚德传统的吴地百姓秉持"天下兴亡、匹夫有责"的道义情怀和"经世致用"的观念、务实进取的姿态,积极投身社会变革的时代大潮,闯出了一条实业救国、经济兴邦的独特道路。

在经历了第二次鸦片战争的屈辱之后,19 世纪 60 年代始,国内的有识之士有感于西方列强的逼人强势和本国积弱不振、落后挨打的惨痛事实,提出了"中国欲自强则莫如学习外国利器,欲学习外国利器则莫如觅制器之器"的主张,以曾国藩,李鸿章,张之洞等为代表的洋务派官员也在朝廷重听内部积极呼吁学习西方科技,"师夷长技以制夷"。在这样的背景下,1861 年开始以官方资本为投资主体开始创设工商企业,希冀通过对"洋机洋匠"的模仿以及"枪炮轮船"等军品的仿制,来实现提升本国竞争实力的目的。不久以后,出于扩大经营的需要,朝廷又开始采取委托中间商招徕民间资金参与生产经营,出现了一批官督商办,官商合办企业。西方国家商品的倾销,国外资本在华企业的增多,刺激了国人"实业救国"的意愿,而洋务派的积极倡导,则直接推动了国内民间资本直接参与到近代企业的创办之中。1866 年,民营资本企业发昌机器厂诞生于上海,其后,广州、上海、福州等地又陆续产生了一批船舶修造、缫丝、棉纺、面粉、火柴等工厂,到 1894 年,由民族资本创办的企业已

---

① 　王立人:《在传承中发展无锡工商文化》,《江南论坛》2008 年第 6 期。

有100多家。虽然,这些企业规模较小,有些存世历史也不长,但它们的出现在中国民族工商业发展历史上具有重要的里程碑意义。

西方工业文明的冲击和近代机器工业的诞生所产生的革命性影响,为无锡工商文化的发育创造了必要的社会经济条件。上海开埠以后,无锡与这座开放口岸和经济中心的东方大都会关系特别紧密,人才、资本、技术以及市场交易机会在各个节点上都有十分密切的交流沟通,上海对无锡的辐射与带动不言而喻。始于20世纪20年代对无锡"小上海"的称谓,不仅昭示出无锡经济贸易的繁荣,也暗喻了无锡与上海之间的特殊关系。

旧上海俗称"十里洋场",西方各国在上海都辟有租界,建立了许多外资工商企业,上海还集中了一大批新式学校、社团、报刊社,因而成为接受西方文明的一个窗口。无锡素有"小上海"之称,这既反映了20世纪二三十年代无锡与上海联系紧密、社会经济繁荣的现实,也显露出无锡人对上海欣羡和追慕的心态。

无锡经济的发展与上海的辐射关系密切。无锡在上海经营打拼的实业家们大多在家乡设厂,一方面因为无锡是非条约通商口岸城市,与国外资本没有直接矛盾交集,设厂成本也大大低于上海;另一方面,无锡水陆交通便利,周边农村原材料丰富,这些都使无锡深受投资者青睐。因此,短短十数年中,一跃而成为以轻工业为主体的民族工业高地。

近代以来,西方大量工业品涌入中国,受到外资在国内投资办厂和洋务派官员创办新式工业的启发,加之不少无锡商人的广博游历,传统的商业文化取向在无锡人心中逐渐转化为强烈的近代经济意识。有产者纷纷投资工商,角逐于城市。"无锡拥资者投资近代工业,代表了在新的历史条件下,无锡地区文化的一种新的发展。"[1]

许多学者都注意到,近代无锡工商文化的形成有一个不能忽略的因素,那就是上海对无锡的带动。随着上海开埠、近代工商经济的蓬勃兴起,开放

---

[1]　茅家琦主编:《横看成岭侧成峰——长江下游城市近代化的轨迹》,江苏人民出版社1993年版,第78页。

的大上海不仅替代了古老苏州城的经济文化中心城市地位，而且吸引了大量的资源、资金和劳动力，其中无锡表现出了最为热烈的呼应。无锡人络绎不绝走出小城，前往上海打工、习业，一批又一批。在19世纪60至80年代，无锡人到上海"学生意"的人数就远超苏、常、宁、通等地，在外省市也只有广东潮汕和浙江宁波可堪相比。这些经过大上海新风气新时尚新知识熏陶的人，成为无锡那次腾飞的宝贵人才"种子"。

在前人带动下，至20世纪，这支由锡赴沪的习业队伍更为庞大。在这个"学生意"群体中，一些人学会了生意往来的种种细节，并掌握了一技之长，另有相当一部分人通过夜校学习而通晓外语（如周舜卿），从而被外商洋行、银行、工厂企业所雇佣，协助在华经商的洋人联络商家、购销商品、接洽事务以及承担信用担保等，他们被统称为"买办"。这部分买办较早接触了国外新的商品、生产设备、生产经营方式乃至日常的生活消费方式，在帮助外商收购原材料和初级产品、推销日用工业品的同时，也自觉不自觉地模仿了西方的经营活动，从而成为在国内繁殖资本主义生产关系的重要力量。

买办是中国近代企业活动的先行者，也是近代工商文化的酝酿者和传播者。无锡早年进入上海"学生意"的最早一批买办，从附股外商企业到投资创办自己的企业，把买办资本投向工商生产经营领域，逐步完成向近代企业家的转变。1867年，16岁的周舜卿即随族叔赴沪谋生，先在利昌铁号当学徒。他省吃俭用将节省下来的微薄薪水都用于业余学习，每天下班后来回步行40余里去夜校学习英语，坚持三年，风雨无阻。他心里有一个明确的愿望，那就是要通过外语这块敲门砖进入洋行。后来，周舜卿结识了英商大明洋行大班帅初，不久转入大明洋行任职。在帅初的赏识和支持下，先后在沪开设升昌、震昌煤铁号，为洋行销售钢铁器材，获得巨利。随后，他又投资沪、苏、锡等地的多家丝厂、纱厂、铁号、冶坊，并创办了晚清时期唯一的一家拥有钞票发行权的私营商业银行。至20世纪初，周舜卿已成为当时上海工商业者中少有的拥资百万、地产万亩以上的豪绅巨富。

1872年，17岁的祝大椿经人介绍来到上海大成五金号习业，同时在业余时间补习文化、钻研业务，逐步成长为一个熟谙钢铁五金进口业务的商业经营人才,被英商怡和洋行和上海电气电车公司聘为买办。随后他用积聚的资金创办了源昌商号,专营进口煤铁五金,并与上海商人、买办合伙经营房地产开发,投资轮运业,购置新式轮船,承揽货物,经营国际货运,获利丰厚。中日甲午战争后,在"设厂自救"的浪潮带动下,他先后投资、参股沪、苏、锡等地的碾米、面粉、纺织企业,达 15 家之多。

荣瑞馨也是 18 岁时到上海荣广大花号习业,1890 年起任丰泰、怡和、泰和等洋行买办和英商鸿源纱厂代办,依靠任"华人经理"的月薪收入、进出口贸易佣金收入和附股的红利收入,与人合伙开设裕大祥商号。其后又集股创办上海振华纱厂和无锡振新纱厂,进入他期望已久的纺织工业领域,并投资制粉、榨油和保险、证券等行业,积聚财富高达 80 万两。

荣宗敬、荣德生兄弟俩早年也曾先后赴上海学生意,当时他们年龄都不过十三四岁。在钱庄学徒期间,兄弟俩好学勤勉肯吃苦,很快便通晓了钱庄业务,为未来的独立经营打下了基础。学徒期满后,荣宗敬留在钱庄担任跑街,荣德生则到广东厘金局做帮帐,办理进出口税务,在金融市场、小麦、棉花产销及进出口业务方面积累了丰富的知识和经验,也由此窥见了面粉加工业中的巨大商机。当时,实业风气大开,时值义和团运动高涨,国内局势不稳,市场涣散凌乱,许多实业异常难做,唯独面粉业销路旺盛,民以食为天,乱世依旧如此,精明的荣氏兄弟看准了"吃与穿最值得进入"这条法则,而这一准确的认识和判断不能不归功于兄弟俩沪上与海上的历练。1901 年,荣氏兄弟与朱仲甫、荣瑞馨等人集资四万余两,在无锡古运河畔的太保墩创办了第一家机械化石磨面粉厂——保兴面粉厂。该厂于 1902 年 2 月正式投产,初创时有 30 多名员工,日产面粉 300 包,在当时全国已开工的 12 家面粉厂中规模最小。不久,朱仲甫赴广东任税务官,遂将股份出让给荣氏兄弟。兄弟俩将工厂更名茂新,寓意从此有一个新开端。他们新添 6 套英制钢磨,扩大生产能力,提高面粉质量。时值日俄战争爆发,东北面粉需求旺盛,茂新厂通过铁路将面粉运销东北,年盈利达 6.6 万两,兄弟俩掘得了人生的第一桶金。此后事业不断壮大,至 1915 年,兄弟俩杀回上海,创办了申新第一纺织厂。恰逢1919 年、1925 年国内两次爆发大规模抵制日货运动,一度使日纱日布进口绝迹,这无疑给荣氏企业的棉纺产品提供了大好销路,利用国内抵制外货这一千载难逢的机遇,申新厂在竞争中迅速成长扩张,从 1925 年到 1931 年,虽然历尽艰难,但申新棉纺系统由 4 家厂扩展到了 9 家厂。到 1932 年年底,申新系统共拥有纱锭约 52 万锭、布机 5357 台、线锭约 4 万锭,年产纱 30 多万件,棉布约 280 万匹,工人数达 31000 多人。荣氏企业年产棉纱占全国民族资本棉纺织厂总产量的 18%多,棉布产量占 29%多,荣氏兄弟不仅在家乡无锡建立了面粉生产基地,也在大上海打下了属于自己的一片天地,申新系统堪称当时国内规模最大的民族棉纺织业集团。荣氏兄弟在赢得国内"面粉大王"称号之后,又被时人授予"棉纱大王"的桂冠而著称于实业界。短短三十年,荣氏集团从五万元资本起家,发展到拥有 20 多家面粉、棉纱工厂的产业巨头,为数十万员工提供了工作岗位,对中国民族工商的振兴起到了重要的带动作用,荣宗敬难掩骄傲地说:"从衣、食上讲,我拥有半个中国。"

其他如王禹卿、吴少卿、陆培之、匡仲谋、陈梅芳、沈瑞洲、丁熊照等人,都曾在上海的商号习业,并相继进入国内工商实业或进出口贸易领域,最终实现向投资实业、自办企业的转化。在与上海的关系中,无锡表现出一种社会经济文化的开放性和互动性,不仅积极接纳来自上海的资金、技术、人才和产品,也积极进军上海拓展地盘,表现出既勇于接纳又敢于进取的姿态。同时,对来自其他地方的同行企业,无锡采取的态度也是竞争而不垄断,开放而不封闭,这种积极的姿态使无锡人大受裨益。

从无锡走出来的工商实业家群体,他们大多起步于上海,在那里他们了解了市场风云,积累了商战经验,也培养了作为实业家所需要的眼光和胆略。他们有的在上海开始创业,而后在无锡建立起庞大的生产加工基地;有的先在家乡办厂,稳扎稳打后再一步步扩展到更大的上海,形成前后呼应、互相支撑之势。他们在为无锡工商业发展注入资本的同时,通过不断拓展的经营活动建立起广泛的市场联系,以不同的方式积累经验技巧,从而通过经营而致富。正因为他们大多出身寒微,但又勤勉好学、干练灵活、勇于创业、不惧风险,所以成为社会追崇的榜样,对无锡崇尚工商、热衷创业、渴望致富的民间风气起到了重要的导向示范作用。

第四节　经济繁荣推动城市崛起

今天的无锡,当之无愧是一座江南工商名城。在无锡的文化系统中,鲜明而深厚的工商文化特色当仁不让地占据着主流地位。在经历了农业文明、前工业化和准工业化之后,无锡率先进入了较为发达的商品经济阶段,20 世纪二三十年代就跻身国内工商经济一线城市之列,成为名闻遐迩的"小上海",建国后各项经济指标仍位居前列,是国家重要的轻工业基地,至今,无锡人均 GDP 始终排名全国、全省前位,可以说,强劲的经济张力一直是无锡最鲜明的城市文化特色。

事实上,历史上的无锡是一座不起眼的江南小县,与其他县域城市相比,地域面积不算大,人口不算多,更无法同苏州、常州、扬州等古代就是州府级的城市相提并论。然而,今天的无锡却超越了诸多城市,这一切,都得益于经济的快速发展。

20 世纪 70 年代末 80 年代初,无锡大胆创造了具有阶段性典型意义的"苏南模式",乡镇企业迅速崛起,工业经济快速振兴,而且在现代化发展的道路上一直保持良好的发展态势,在近几十年里经济发展始终走在全国同类城市前列,可以说,这一切与无锡深厚的工商文化渊源和优秀的工商文化质素血脉相连。无锡的工商文化熔铸了吴文化的精华,是一种善于审时度势、长于吐故纳新、富于创造活力的新型工商文化,也是一种敢于创业、善于经营、务本求实、经世致用的文化。

近代形态的无锡工商文化肇始于 19 世纪末叶,这是中国社会从传统向现代艰难演进的转型时期。这一转型以工业化为动力,以城市化为导向,表现为变农业经济为工业经济、变乡村社会为城市社会的历史过程。这一过程中演化而成的无锡工商文化,萌生于无锡这块商品经济沃土之上,承基于民族工商企业这一物质载体之中,它既是工业化和城市化的产物,又是推进工业化和城市化的主导因素,两者相辅相成,密不可分。

从群体心理机制看，发展经济、发家致富，始终是无锡人内心深处的人生情结，由于长期处于富裕小县城的地位，无锡人心理上较少谋求政治建树，而更多关注经济利益的获取，因为它直接改变着人们的生活质量、提升着人的社会地位。建国后，无锡经济一直稳定并有所发展，但计划经济模式显然一度扼制了无锡人这种愿望和追求，使之难以充分释放张扬，然而，一旦环境改变，压抑多年的能量便有如火山喷发，成为推动经济发展的巨大动力。从乡镇企业的大量崛起、苏南模式的创立，到率先步入小康社会、最具经济活力城市的入选，这些都与这片土地潜隐的历史文化传统和工商文化氛围有着千丝万缕的联系。

无锡工商文化的务实传统早在明代东林党人的思想体系中就有流露。东林党人把"商经济事实"列入讲学内容，主张经世致用，与中国传统的重本抑末、重农轻商思想有明显的差异，却与无锡民间的工商取向形成某种内在的呼应和联系。到了近世，实业兴邦、科教济世更成为无锡民间风气，"黜浮靡，崇实学"[1]成为无锡近代以来民族工商业迅猛发展、经济日趋繁荣的重要的思想根源。经世致用的思想理念在无锡实业家群体中颇得人心，他们兴实业，办实事，求实惠，重实效，脚踏实地致力于工商实业的发展。由于锡商群体的儒商气质和较高的文化素养，因此他们往往义利兼顾、尚德向善、注重名声、造福乡梓。他们开发园林，修路架桥，兴办教育，建设医院和图书馆，对城市基础设施建设和公共事业做出了巨大贡献。他们的努力，使当时无锡在各方面都不亚于一个州级的城市。工商经济的发展不仅让小城百姓共享物质财富与现代文明的成果，而且拉动了城市的崛起和发展，推进了城市近代化的步伐。更大的意义在于，这些善举在改善人们生活的同时，也开阔了人们的视野，改变了人们的理念，从而在真正意义上将无锡推向近代化。

无锡的工商文化是一种敢于创造、善抓机遇的文化，是善于吸纳和富于包容的文化，无锡的经济成就离不开无锡文化的开放性和吸纳性。无锡近代

---

① 薛福成：《选举论》（上），丁凤麟、王欣之编《薛福成选集》，上海人民出版社 1987 年版，第 2 页。

经济的勃兴,主要来自上海的资金、技术、人才、产品的扩散,而相对其他周边城市,无锡对这种扩散表现出勇于接纳的姿态,竞争而不垄断,开放而不封闭,这种积极的姿态使无锡人大受裨益。正是这种灵活机智和务实的作风,造就了近代以来无锡最激动人心的两次经济飞跃奠定了无锡在全国经济发展格局中举足轻重的地位。

创业是城市发展的本质属性,是增加城乡财富、促进城市和谐的重要途径,创业文化不仅是工商文化的重要组成部分,更是现代城市强力竞争的基石。从3000多年前"泰伯奔吴"的传奇开始,无锡就与"创业"结下不解之缘。无锡人始终以包容开放的心态面向世界,以灵动智慧的精明把握方向,以务实真干的方式努力创业,不仅形成了"包容、通达、务实、诚信"的商业文化,积淀了"至德经学、崇安为商、善民立本、实业兴国"的人文价值,更造就了一大批敢为人先、蓬勃崛起的工商创业家群体,这对无锡的崛起发展和整个中国社会的现代化转型都产生了巨大的推动作用。

无锡人创业于1895年拉开序幕,以荣氏家族为代表的工商实业家,报着实业救国的理念,率先引进西方科技,实现机械化生产。至1912年,无锡民族工业已经有了20家企业,纺织、缫丝、面粉加工三大工业主体初步奠定,无锡在近代化进程中率先跨出了第一步。无锡的生产生活方式逐渐由传统封闭、自给自足的小农经济向现代开放的商品生产、商品交换的工商经济转变,其城市形象也由"鱼米之乡"的江南名城发展演化成为拥有"小上海"之誉的工商名城。工商经济迅速发展,不断吸引资源聚集、实现财富积累,改变了城市的组织结构和空间布局。工商文化作为无锡的主流文化,培育了一种重工恤商、开放竞争的城市品格,积极进取、奋勇争先的城市精神。

当历史的车轮驶进20世纪80年代,从"文化大革命"的劫难中苏醒过来的无锡人,也唤醒了作为吴地子民特有的经商创业的智慧胆识。除了棉纺、色织、麻纺等一批国有棉纺织企业和柴油机等大型工业企业之外,分散在全市各个乡镇的镇村集体企业,犹如被一夜春风吹绿,瞬间枝繁叶茂地蓬勃发展起来。无锡凭借得天独厚的地理环境、工商文化的丰富积淀,抓住发展乡镇企业和外向型经济的契机,以敏捷的姿态、通达善变的手段,在计划经济铁桶般的防线中，硬生生地挤出了一条又一条生路，创造出了改革开放进程中和经济发展史上的一大奇迹。

进入新世纪以来，无锡大力发展民营经济，工业门类渐趋齐全，既有纺织、电子、机械、化工、医药、制造等基础产业，也有互联网、文化创意等新兴产业，形成了配套协调能力较强的工业体系，成为沿海地区具有较大规模和高水平的现代工业城市，中国十大最具竞争力和经济活力的城市之一。与此同时，一批技术先进、创业能力突出的中小企业茁壮成长，以引进"530"嫁接式人才为发展新动力的文化创意产业不断涌现。无锡经济的繁荣，主要得益于企业的贡献力。如高新技术开发区，将众多高新技术的新型企业汇聚在一起，企业间互相学习借鉴，互惠互利，共享政策优惠，形成利益和责任共同体，提高成功几率和应对风险的能力，而企业为区域内提供的经济贡献也就越大。经济的繁荣、税收的增长则促进了城市硬件设施的维护升级与生活环境的净化改造，增加文化、教育、医疗等公共事业的投入，从而全方位改善民生。悠久的工商经济发展史和深厚的吴文化底蕴相互交织，相互影响，铸就了锡城的"百年繁华"。

良好的创业环境和优秀的工商创业传统，使无锡多年来经济发展始终保持强劲的态势。1981年，无锡被列为"全国15个经济中心城市"之一。1984年，无锡跻身"全国13个较大城市"，1985年，无锡被国务院确定为"长江三角洲沿海经济开放区开放城市"，城市综合竞争力（至2011年）一直保持在全国前十位，2012年为全国第11位。2013年国务院将苏南地区列为率先实现现代化示范区域，无锡始终走在国内城市的第一方阵。

经过100余年的发展，今天的无锡已经是一座富饶繁荣的现代化大都市，它吸引着无数发达或不发达地区的流动人口前来打工、谋生、淘金，吸引着许多前来学习、取经、交流的外地领导、企业家、研究者。100年的时间，对漫长的历史而言显得微不足道，比起北京凝重恢弘的皇城风范，南京深厚绚烂的王气古风，上海开放时尚的海派流韵，苏州精致高雅的贵族气息，以经济飞跃的速度进入重量级城市行列的无锡，犹如一个道地的平民，没有显赫可资炫耀的身世，却强烈表现出一种新鲜、进取、昂奋、务实、质朴和勃发的朝气,它不留恋过去,更多关注现实,将目光投注于美好未来,目标清晰,方向明确,实实在在,一心发展致富。在这个过程中,城市经济、社会、文化资源的整合,各类社会活动的开展,无不与工商文化的聚合发展紧密关联。

在无锡强劲的经济态势背后,文化起着至关重要的作用,工商业的发展不仅促进了整个苏南地区的经济繁荣,也对中国民族工商业的发展产生了巨大的推力。对无锡而言,工商业发展还提高了城市生产力与综合实力,推动了城市地位的提升,实业家卓有成效的经营活动也使当地产业工人大幅增加,最早出现了庞大的工人阶级。由于经济的发展推动,城市快速崛起,为县级城市跃升现代工商业大市奠定了坚实的基础。经济的发展不仅拉动了城市的崛起和发展,也有效地改变了城市的面貌,实业家们对鼋头渚、蠡园、梅园等景区的开发,对交通文化教育等公共设施的投入,不仅改善了无锡人的生活水平,且促进了无锡城市的近代化进程。

在今天经济与文化日趋一体化的大背景下,文化与经济更是呈现出你中有我、我中有你的内在关联。作为经济内驱力的文化,正日益得到重视。科学理性地发掘和提炼工商文化的精神内涵,使之得以发扬光大,成为新一轮社会经济发展的指导和内在驱动力,对于彰显城市文化个性,重塑城市文化形象具有重要的意义和价值。

新世纪的吴地不仅在面上实现了工业化,而且在工业生产技术上注意引进和吸收国际制造业的最新科技成果,生产高附加值的高科技产品。各地区纷纷设立“经济技术开发区”、“高新技术开发区”、“新工业园区”,引进外资和台资,吸收高尖端科技人才,努力将当地打造成国际先进制造中心。作为乡镇企业排头兵的无锡市在 20 世纪八九十年代创造出多项经济奇迹的基础上继续深化改革、扩大开放,不断发展外向型经济和民营经济,使该市的综合实力迅速增强,成为全国 15 个经济中心城市和 13 个较大城市之一。2003 年,无锡完成地区生产总值为 1901.2 亿元,位居全国大中城市第 9 位。近三年中,无锡的人均可支配收入也保持着两位数增长,在全国大中城市中列第 7 位,2003 年人均国内生产总值 43155 元,居大中城市第 7 位。2003 年 9 月举办的首届中国无锡太湖博览会,仅旅游总收入就达到 25 亿元,这大大提升了

图 2-3　鼋头渚春色

图 2-4　鼋头渚春色

无锡在国内乃至国际的知名度。2004 年 8 月 18 日,总投资 20 亿美元的超大规模集成电路项目落户无锡,这将使无锡成为中国 IC 产业的第一高地。作为日资在中国沿海地区投资最为集中的城市,日本在中国投资总量的 1/6 在无锡。2005 年,无锡实现地区生产总值 2805 亿元,财政总收入 421.8 亿元,居全国大中城市第 9 位,在全省率先全面建成小康社会。目前,无锡以约占全国万分之五的土地、千分之四的人口,创造了全国 1.8% 的经济总量。其综合竞争力在长三角城市群中位居第三。

央视"2004 CCTV 中国最具经济活力城市"的颁奖词,这样充满激情地赞美了无锡:"这座拥有千年文明、百年繁华的城市,诞生过中国最早的民族工商业,中国最早的乡镇企业。从'苏南模式'到'外资高地',这座城市始终在用行动表达:这里不仅'盛产'风景、'盛产'院士,也盛产创造财富的奇迹。"在这片曾经创造出人间奇迹的沃土上,无锡人将一步一个脚印,用自己的辛勤汗水和聪明智慧继续创造出新的城市神话。

作为"中国十大最具经济活力城市"的无锡,"活力"正是现代无锡文化的集中体现。无锡是中国民族工商业的发祥地、乡镇企业的摇篮、"苏南模式"的集中代表,本轮城市评选,无锡跻身首届十大中国经济活力城市,无疑给无锡文化一张新的名片。颁奖大会上,熊德明女士在给无锡颁发大奖中最具人情味的单项奖——"农民工满意奖"时风趣地表示,她渴望到无锡创业,无锡在世人的眼中又是一个适宜居住和投资的所在,它温情脉脉地张开着自己博大的胸怀,迎接着四面八方赶来的追梦者。

无锡的文化传统中具有一种朴素的务实精神,这种崇尚务实的取向,是历史长期积淀的结果,地域、历史、政治、经济、文化以及日常生活因素构建的特殊环境氛围,通过漫长的浸润熏陶,深深地融入无锡人的血脉之中,成为无锡人文化性格中一个突出的显性因子。无锡虽然有三千余年的悠久历史,但在相当长的历史时期内,却一直处于几乎默默无闻的状态。直至步入近代的一百多年以来,无锡才呈现出快速崛起的势头,创造了令人刮目相看的骄人业绩。这种发展特点,既说明了形成无锡文化平民气质的历史背景,又生动地反映了这种平民化的务实精神对无锡后来发展的巨大推动作用。当脚踏实地的实干精神与适宜的历史契机相遇，这种气质就与灵动的智慧一起，构成了无锡人文化性格的显著特点，并成为长期推动社会经济快速发展的巨大内驱力。

质朴务实的精神气质中蕴藏着巨大的心理能量，这种心理能量与城市的历史共同构筑着城市的精神。在与生俱来的务实精神的深处，涌动着摆脱现状、变革更新的强烈愿望。在始于19世纪末期的那次经济飞跃中，无锡人就已然意识到历史机遇的千载难逢，而将多年的蓄积、压抑、积淀凝聚于一，融汇成强大的令人震撼的力量迸发出来，在聪明智慧、善于审时度势性格的合力作用下，化为辉耀中华的灿烂物质成果。无锡人真切地感悟到属于自己时代的到来，呼吸着历史的新鲜气息，涌动着创业的雄心，无锡人以极大的热情和精力投入到这次难得的机遇之中。追求现实利益、抓住眼前机遇的务实心态给无锡人带来了巨大的实惠：无锡从名不见经传的县级小城一跃成为中国最年轻最有活力的工商业城市，成为地区经济中心，交通便利、贸易繁荣，从业工人数位居全国前列，经济得以迅速腾飞，也带动了城市的迅速拓展和农村经济的崛起。不难想见，那些通过苦心经营搏击进取而腰包鼓胀的人们，在忙碌的生意中，在大把进出的金钱里，是如何情绪高涨、野心勃勃，而创业成功的商人又是如何诱惑着、鼓动着更多的人去进取、创业、拼搏、致富。

超越性的工商文化是历史留给无锡的丰厚馈赠，百余年来令无锡人在事业的开拓上表现出超绝的敏锐和勇气。从20世纪初民族工商业崛起，到改革之初市场经济的探索；从乡镇企业的崛起、苏南模式的创立，到新世纪率先进行产业结构调整、经济转型，这些都与这片土地潜隐的历史文化传统有着密切的联系。

在当今世界全球经济日趋一体化的语境下，人类文化进入了以信息时代为背景的高速发展阶段，网络技术和信息高速公路的快速发展，对那些古老民族的传统文化的繁衍产生深刻的影响，文化的地域、国家、民族边界意识正在慢慢消解。中国社会主义市场经济激荡着华夏故土，不断改革开放，建设有中国特色的社会主义成为中国社会文化发展的大背景。无锡文化在上述两大背景下正发生着极为深刻的变革，文化观念、文化结构、文化介质、文化功能等都处于新旧交织之中。在这一历史阶段，无锡同时提出了创建历史文化名城和建设特大型现代化城市两大任务，将"两个率先"的先导区和示范区作为新的发展目标，这无疑是无锡文化在新的历史阶段的承继、扬弃、拓展和更新，是无锡文化的又一次精彩张扬。无锡文化将通过对优秀传统工商文化的弘扬，对世界文化精华的汲取，对时代先进文化的吸纳，通汇中西，海纳古今，以更强大的创新能力，打造具有现代意义的城市文化，打造出先进的地域性群体文化人格，以实现无锡文化的整体提升。

如果说，悠久的历史孕育了无锡的千年文明，发达的近代工商业造就了无锡的百年繁华，乡镇经济率先引领了农村工业化的新阶段，那么，新世纪到来之际，无锡则通过积极转型发展，大力发展外向型经济，调整产业结构，加快文化科技融合，率先全面步入了小康社会。目前，无锡正在继续推进产业升级，坚持创新驱动，高端引领，项目带动，市场主导，努力打造新兴产业发展高地、先进制造业基地、旅游度假胜地和科技创新创业人才集聚中心、文化创意中心、商贸物流中心，为勾画城市未来的美好蓝图再添精彩手笔，从而推动无锡经济百年繁荣的那种经济张力依然在城市内部源源不绝。

抒写工商华章

足迹：浓墨重彩

第三章

～～～～～～～～～～～～～～～～～～～～

　　明清之际,初具资本主义生产方式特征的丝织、棉织业促进了吴地整体工商业的加速发展。苏州、无锡地处太湖之滨,水陆交通便利,加上南北交通大动脉京杭大运河的开通,遂成为吴地核心商业城市。作为江南运河沿线的大城市,苏州拥有南濠、枫桥两大商品贸易集市,成为南北货物的汇聚和交易中心,获得"丝码头"、"布码头"、"米码头"、"杂货码头"等名号,钱物交易十分繁忙。时人有评曰:"天下财货莫盛于苏州,苏州财货莫盛于阊门。"[①]《同治苏州府志》中这样描述苏州工商业繁荣带来的城市盛景:"列巷通衢,华区锦肆,坊市綦列,桥梁栉比……财货所居,珍异所聚。"明清之际的无锡,虽然还只是一个县城,但南临太湖、北依长江,大运河穿城而过,水运交通条件可谓绝顶优越。凭借江运、漕运的地理优势,无锡很快便成为江南鱼米水乡向北方输运粮食的主要集散地,逐渐与长沙、芜湖、九江一起成为中国的"四大米市",交易量达到四分之一强。米市之外,无锡同时也拥有了丝码头、布码头之称。伴随商品贸易的快速发展,由商业资本金拆借周转衍生而成的金融业也快速跟进,无锡因此还有了"钱码头"之称,这为这座江南城市近现代工商业的跨

————————

　　① 郑若曾:《乾隆苏州府志》卷四十《苏州险要说》。

越式崛起埋下了伏笔。

第一节 米码头:江南米市与粮油业

闻名遐迩的"四大米市"——无锡、芜湖、九江、长沙四地米市是中国封建社会农业商品经济不发达时期的产物,但对促进当时粮食生产、贸易流通起到了积极作用,也给当地经济发展、民众生活带来了巨大裨益。"四大米市"有一个共同的特点,那就是依傍长江水系,漕运便利,粮食生产丰富和商贸发达。

无锡位置优越,交通便利,南临太湖,西依惠山,北连太湖水网平原,沪宁铁路、京杭运河穿城而过,历史上,一直是富庶的"鱼米之乡",无锡米市素享中国"四大米市"之首的美誉。无锡还是民族工商业最早的发祥地之一,早在明、清漕运鼎盛时期,这里已形成了江南著名的粮食市场,是太湖流域和两浙漕粮的集中与转运地。乾隆年间,这里的粮食吞吐量已高达800万石。光绪年间,从无锡城老北门到三里桥,一公里长的地段竟密密麻麻开了80多家粮行,交易繁荣。19世纪末20世纪初,无锡粮食堆栈容量为东南各省之首,粮食加工业成为全国五大碾米中心之一。

民国时期,铁路兴起,漕运萧条,但无锡米市以其传统经营优势占尽天时地利,仍是江南粮食的集散中心,盛况可观。改革开放后,无锡米市再度活跃,业务遍及全国各地。为了适应粮食流通体制改革和新一轮市场改革的需要,无锡重新打出"无锡粮油中心批发市场"国家级市场的招牌。无锡米市主要由南北两个市场组成。南市场以无锡粮油中转储备仓库为基地,拥有铁路粮油专线、京杭大运河米码头的优势,以稻谷、小麦、大豆、玉米等大宗原粮交易为主;而北市场以现有的无锡粮油市场为主体,以成品粮油现货交易为主,满足了锡城及周边地区居民米袋子菜篮子需要。市郊三里桥是中国最大的粮油市场,1990年粮油成交量居老"四大米市"诸城之首。

图 3-1　无锡米市旧址

一、"面粉大王"荣氏兄弟

无锡粮食交易的活跃,一方面源自历史传统的延续,一方面源于粮食加工业的繁荣。历史上,粮食加工业是无锡最重要的三大支柱产业之一,自荣氏家族 1902 年开办保兴面粉厂(后更名茂新面粉厂),迄今已有百余年历史。2005 年年底,位于无锡古运河边太保墩的"无锡中国民族工商业博物馆"落成开放,这是一座具有清末洋务风格的建筑,其前身正是原保兴面粉厂、后更名为茂新面粉厂的厂房。

茂新面粉厂由荣宗敬、荣德生两兄弟与朱仲甫等所创办,是荣氏家族创办的第一家民族工商企业,它见证了荣氏企业发展壮大的历程,也见证了小城无锡民族工业崛起的不凡历程。

"茂新"作为无锡首家面粉厂,是特殊历史背景下的产物。1900 年,八国联军入侵下的中国陷入重重危机,国运衰微。在广东三水河口厘金局任职的荣德生,在204种进口商品中敏锐地觉察到了面粉的巨大商机。原来,清政府明文规定面粉是"洋人食品",予以免税,而实际进口面粉数额却大大超过驻华洋人食用量,这说明国内有着巨大的市场空间。在上海经营钱庄的荣宗敬,也从日常汇兑业务中发现了面粉加工的丰厚利润,兄弟俩一拍即合,决定合力兴办一家面粉厂。

荣氏兄弟父亲的朋友朱仲甫出资1.5万大洋,荣氏兄弟各出资3千大洋,并在朋友中招股9千大洋,总计3万大洋作为资本,他们买下了城西梁溪河畔太保墩上的17亩地,开始办厂。其时,正值新旧文化与观念的激烈碰撞期,厂房建设遭遇了诸多阻力,甚至遭遇当地保守士绅的诉讼。讼事未了,又因夏季河水暴涨,工地遭水淹,工程受阻。恰在此时,荣德生夫人生下长子,母子皆病,但荣氏兄弟一边忙于应付讼事,一边忙于工程建设,荣德生的长子却因延误治疗而不幸夭亡。

1902年3月,面粉厂建成投产,这是国人自主创办的第三家机器面粉厂。此前,上海已有阜丰面粉厂(1889年),通州已有复新面粉厂(1900年)。保兴面粉厂购入4爿法国石磨、3道麦筛、2道粉筛和60匹马力引擎,雇工30多人,一昼夜用麦2万斤,出粉300包,初见效益。次年朱仲甫撤出资金,荣氏兄弟将所持股金增至2.4万大洋,并改厂名为"茂新"。1905年,茂新厂新添6部钢磨并投入使用,结束了机器和石磨并用的状态,成为真正的近代化工厂。数年内,茂新厂又进行改扩建,并引进美国最先进的面粉生产设备,生产环境和技术面貌焕然一新,1910年生产能力已达89万包,为建厂时的10倍。1918年,茂新厂再增美制机器12部,日产量增加到8000包,资本增加到60万大洋。"兵船"牌面粉以其高质量行销国内外。

与此同时,荣氏兄弟用令人眼花缭乱的速度迅速进行产业扩张,众多创业开办却经营不善或效益一般的面粉厂成为荣氏的并购对象。1916年,荣氏兄弟租办无锡惠元面粉厂,改名为茂新二厂,期满后以原股收购。同年,荣氏租办无锡泰隆面粉厂,期满后原厂主收回。1917年,租办宝新面粉厂,改名茂新四厂,到期后被他人收购。1919年,荣氏在茂新二厂基础上组建茂新三厂。同年,荣氏以25万资本,在济南购地建厂,并沿用茂新四厂名称。

图 3-2 当年荣氏茂新面粉厂面粉车间一角

1921 年投产后日产面粉 3000 余袋。至此,茂新系统已拥有 4 家厂,日产量达 21000 包。

早在 1912 年,荣氏兄弟已将面粉加工业拓展到大上海,与王尧臣、王禹卿兄弟,浦文渭、浦文汀兄弟联手创办福新面粉厂。投资比例为荣氏 2 万元,浦氏 1.2 万元,王氏 8000 元。该厂最初由王氏、浦氏发起,但荣氏以资金优势实现了企业控股。1913 年,荣氏租办上海中兴面粉厂,改名为中兴恒记公司,日产面粉 2000 包。同年冬,荣氏又购地 17 亩,建福新二厂。1916 年,荣氏集资 15 万元建成福新三厂。1915 年,荣氏将租赁的中兴恒记买进,更名福新四厂。1917 年,租赁华兴面粉厂,更名福新六厂。1918 年,荣氏在汉口筹建福新五厂,次年开工投产。1919 年,荣氏在上海建福新七厂、八厂,建成后成为规模最大的两家面粉厂。由于福七、福八厂房过于高大,租界工部局曾出面干预,以"底脚不固"为由欲予以取缔,后经过荣氏据理力争才告过关。

1902—1921 年,荣氏茂新、福新面粉生产系统从 1 家发展至 12 家,从 4 爿石磨发展到 301 部钢磨,生产能力从日产面粉 300 包增至 75000 包,占国内面粉产量的 30%。到抗战前的 1936 年,茂新、福新两大系统全年产粉量达 1694 万多包,占全国机制面份总产量(不含已沦陷的东北)的 27%,资本额增加了 245 倍,"面粉大王"美誉由此而来。荣德生 1919 年曾说:"茂、福新粉销之广,尝至伦敦,各处出粉之多,无出其上,至是有称以'大王'者。自维愧悚,不足当此盛名,仍思力谋扩充,造福人群。"①

图 3-3　中国民族工商业博物馆

荣氏兄弟创业主张"多立工厂",以"杜侵略"、"抵外货"。荣宗敬在言及办厂目的时曾说:"吾不忍坐视国家经济沦溺绝境,因尽吾一分忠实之心力,做一分忠实之事业。"②荣德生则更明确地说:"中国要富强,非急速变成一个工业化国家不可。"③在经营技巧上荣氏兄弟也可圈可点,表现出吴地人的精明与干练,他们"办厂务求快,盈利务求多",购买原料设备采取分期付款,"借

---

①　荣德生:《乐农自订行年纪事》,《荣德生文集》,上海古籍出版社 2002 年版,第 86 页。
②　荣德生:《家兄嫂六秩征文事略》,《荣德生文集》,上海古籍出版社 2002 年版,第 294 页。
③　荣德生:《乐农自订行年纪事续编》民国三十五年纪事,《荣德生文集》,上海古籍出版社 2002 年版,第 181 页。

别人的钱,发自己的财",租厂经营,借鸡生蛋,实施低成本扩张战略。1913年,钱庄老板吴玉君、方寿颐集资16万元,在惠山浜创办惠元面粉厂,希望仿效荣氏实现转型,但很快就出现亏损,只得将企业以每年2万元租金的价格租赁给荣氏经营。荣氏兄弟将"惠元"改名为"茂新二厂",当年就实现盈利。两年期满,荣氏兄弟以16万元原价将厂子买下,两年凭空赚了一家企业,可见其高超的经营技巧。荣氏创业的成功,既是荣氏兄弟同心协力共同奋斗的结果,也是善于审时度势抓住机遇迎难而上的结果。荣宗敬性格机敏外向,善于把握时势,荣德生则谦和忠厚务实,二人形成很好的优势互补。

抗战期间,荣氏企业遭遇了前所未有的打击,纺织企业和面粉企业大多未能幸免。1937年11月,茂新一、三厂为战火摧毁,损失粉磨64台,直接经济损失达5千多万元。目睹半生心血付之东流,1938年2月荣宗敬在悲愤抑郁中病逝于香港。不久,荣德生的长子荣伟仁病逝于上海;1940年,次子荣尔仁遭绑架,被关58天;1942年,三子荣一心又被日本宪兵队无理拘押。荣氏企业也屡遭劫难,荣德生所承受的压力可想而知。为了保护创下的资产,也为了响应政府迁厂号召,荣氏陆续将一些企业迁往内地,如福新天水分厂、重庆分厂、宝鸡分厂等,到1945年抗战结束时,面粉日产能力恢复至4500包,为大后方建设和抗战胜利作出了贡献。

抗战胜利后,荣毅仁奉父命主持重建无锡茂新面粉厂,现在无锡中国民族工商业博物馆就是那时旧址修复后的建筑。虽历经百年风雨,厂房仍坚固完好,那五层楼高的谷仓、三层的办公楼,以及车间、机器,都保持着当年的原貌,办公室内的桌椅也是当年的旧物。从这里,不仅可以追溯无锡工商业数百年的繁华,也可以看到近代无锡粮食加工业走过的辉煌历程。

二、唐、蔡的"润丰"与"九丰"

在无锡近代粮食加工业发展史上,"唐蔡集团"也拥有一席之地。1909年,经营米行的唐保谦、蔡缄三、夏子坪等9人合股创办了九丰面粉厂,成为继"茂新"之后的又一大厂。"九丰"位于惠山之麓,故商标为"山鹿"。初建时,拥有钢磨12部,动力450匹,日产面粉5000包。十年间,九丰抓住第一次世界大战的机遇,加紧生产,迅速扩张,至1918年盈利总额已高达70万元,是投资时的7倍。"九丰"十分注重市场需求,不断提高面粉质量,精心搭配各种小麦比例,使面粉颜色韧度都达到理想状态。唐保谦曾听从办麦主任季郁文的建议,让工厂管理人员都食用自己工厂的面粉,便于及时听取意见,注意改进生产,提高面粉品质,从而打开了市场。

唐、蔡企业还注意扬长避短,避开北方市场的激烈竞争,利用自身关系,占领了浙江面粉市场。唐保谦十分重视对天气、粮食成色信息的收集与分析,曾高薪聘请一位没有学历文凭、年近花甲、自认擅长预测天气的"孙仙人",对当年天气趋势和小麦收成进行预测,且准确率很高,为企业往何处放款购麦、到哪里拓展市场提供了决策的参考。

图3-4 昔日米厂仓库成为今日运河公园里的一道景观

粮食业的繁荣催生了仓储的需求,唐保谦瞄准商机,转而投资堆栈业和碾米业。他购进了九丰厂旁的一家恒裕堆栈,改名为益源堆栈,并利用堆栈门前的空地设立了一个碾米厂,顾客既可来此堆粮,又可在此碾米。1915年他又低价盘进了杨翰西的润丰榨油厂(无锡第一家机器榨油厂)。从九丰面粉,到益源、福源堆栈,再到润丰榨油,由此形成了一条粮油生产销售的产业链。唐、蔡粮油加工业的成功,为日后创办庆丰纺织厂打下了坚实的基础。

三、碾米业的龙头"邹成泰"

江南地区有丰富的稻米资源,加之江南"米市"的影响力,1907年无锡就有了第一家机器碾米厂——大丰机米厂。至辛亥革命前,除了专为清廷加工漕粮的两家米厂,无锡还有宝新等3家机器碾米厂,业务也由代客加工逐步发展到自行组织原料生产成品大米,除供应本地外,还运销上海、杭州、松江等地。1927年,无锡碾米业始用电力生产,1930年采用橡胶滚筒砻谷机,1932年仿造德国自动筛成功,生产效率和大米质量不断提高。至1937年,无锡已有碾米厂17家,资本总额16.5万元,有砻机和碾米机81台,年加工白米、糙米300多万担。依托米市的大环境,各碾米厂主要附设于粮食堆栈内,形成仓储、交易、加工和抵押放款相结合的良性经营模式,由此不断发展,成为当时全国的五大碾米中心之一。

在无锡从臼坊舂米向机器碾米的发展过程中,"邹成泰"是具有代表性的一家工厂,也是第一家以电为动力的碾米厂,还成功制造机器自动筛,为碾米工业机械化和自动化打下了基础。家族成员共同参与创业,是锡商创业的普遍现象。邹成泰米厂的创始人邹海洲,自小父母双亡,由舅家抚养长大,养成勤勉务实的性格。他的三个儿子在创业中相辅相成,互补短长,成为父亲的好帮手。性情开朗豪爽的长子邹福威负责对外联络,精明干练的次子邹颂范负责生产管理,诚信厚道的三子邹继康则负责工厂财会事务。设在江尖的邹成泰臼坊,起先以代客加工为主,兼营饭米销售,后拓展业务购进四台铁辊碾米机和柴油引擎、锅炉,于1910年建立邹成泰机器碾米厂,日产白米240石。因当时全市只有宝新、邹成泰两家碾米厂,成品大米十分畅销。1927年,邹成泰改用电力生产,成本更低,赢利更为丰厚。1929年,世界性的经济危机导致外商向中国市场大肆倾销洋米,邹成泰看准机会从上海大量购进洋米运到无锡,恰逢次年遭遇洪水,农业减产,米价飞涨,邹成泰因此赚得盆满钵满,年获利高达5万元。然而,正当邹氏继续大量进货,不料1932年米价持续走低,邹成泰为摊低单价继续购进,仓储洋米4万多石。当年新谷丰收米价大跌,三个月就跌去47%,导致巨亏20万元,因此元气大伤。

除了邹成泰碾米厂,邹氏家族还经营着邹成茂油饼厂、信泰碾米厂、邹成泰堆栈、邹成泰石粉厂、邹成泰橡胶辊筒厂等企业,并参股投资面粉厂、纱厂、水泥厂等。1932年,邹颂范在参观杭州万国博览会时,见到了德国展品双连中型"巴基筛",即自动米筛。闭会后,邹颂范将该筛购回,安装使用后效果极佳,可替代七八个工人。后来,邹成泰将该筛拆开仿制,制成更为轻巧的自动筛,以较低造价打开市场。1943年,邹成泰又制成谷米分离筛,为无锡碾米业的自动化做出了贡献。

图3-5　1949年前后北塘三里桥附近的交易情况

四、浦氏的恒德油厂

无锡的榨油业发展中,最早出现的是杨翰西兴办的润丰油饼厂,1914 年成立,但次年便易主,转手给了唐保谦。1919 年,无锡厚桥人浦文汀创办了恒德油厂,后成为无锡最大的榨油厂。浦文汀生于 1874 年,因父亲经营米业失败而家境致贫,十多岁即到粮行学徒,他勤奋善学,出师后入上海米厂工作。1905 年,被茂新面粉厂聘为办麦主任,成为企业核心高管之一。1912 年,他投资 1.2 万元,与销粉主任王禹卿和荣氏兄弟共同创办福新面粉厂。1917 年,他以所得薪金和红利,在东梁溪路创办慎德堆栈,仓储容量为 8 万石,另有储茧仓库一座,可储茧 1.6 万包。两堆栈地处车站附近,运输便利,年盈利达 2 万多元。

1918 年,浦文汀投资 10 万元,在东梁溪路又创建了恒德油厂。有立式螺旋铁榨油机 48 台、老式木车 40 台,是无锡最大的一家油饼厂。此后又不断增添设备,至 1930 年,生产能力为日加工黄豆 30 万斤。作为茂新、福新二厂的办麦主任,浦氏深得荣氏兄弟的信任,对面粉业务也极为熟悉,但他说自己"不愿与德生先生争利",因此不在面粉行业谋划创业,却去经营有更大风险的油厂。恒德油厂创立前,无锡已有润丰、庄源大、俭丰、邹成茂、振华、大昌等 6 家油厂,与恒德同时新创办的还有陆同仁、张源大,以及从油坊改装机器榨油的刘三和、尤源吉、巨元等 5 家。时值安徽、河南等黄豆产区严重水灾,中原战事频仍,油厂原料不足,竞争较为激烈。但有着商场经验的浦文汀却胸有成竹。他亲赴东北、大连考察,分批购进 96 部水压圆形海饼榨油机,又沟通东北大豆基地,确保原料供应充足,并向无锡广勤机器厂订购仿造大连式中饼榨油机 96 部。同时,扩建储油池,储油量达 100 万斤,延长了储存期,提高了豆饼质量,生产能力提升了一倍,所产"天字"牌、"惠山"牌豆饼和豆油,以其良好的品质畅销各地,除内销苏、浙、皖、闽、粤外,还远销东南亚。恒德油厂日生产能力扩大到日用黄豆 60 万斤,被誉为"关内第一油厂"。到 1936 年,恒德油厂的固定资产总值已达 100 万元,是创办时的 10 倍。

抗战中,侵华日军占领无锡,恒德油厂损失惨重。1938年,日商井户边庆藏企图强迫浦文汀租厂合作,遭严词拒绝,浦文汀为此避居上海多年,宁可工厂停工。1945年9月,浦文汀听到抗战胜利的消息激动不已,正准备回锡复业,却突患脑出血而病逝于苏州寓所,终年71岁。此后,恒德油厂由其子打理,因外部环境恶化,仅能勉强维持,新中国建立后,恒德油厂被改组为地方国营无锡市植物油厂。

第二节　布码头:繁荣兴旺的纺织业

早在明弘治年间,无锡民间的家庭土布织造已十分普遍。随着"米市"的形成与发展,无锡土布贸易也逐渐繁荣,明熹宗天启年间,无锡北门一带的布行已成为江阴、武进、宜兴、常熟等地土布的重要集散地,"布码头"的美誉开始蜚声海内外。土布贸易的繁盛,促进了民间土布的生产。清末时,无锡4.5万台木织机,年产土布300万匹以上,制丝业和纺织业也迅速成长起来。虽然漕运日趋式微,但无锡却紧紧抓住了京沪铁路通车的机遇,快速推动工商业拓展,成为民族资本主义的代表城市之一。

和国内其他城市不同,在工业初创期无锡并未采取"官督商办"或"官商合办"的模式,本土工业的起步一开始便是民间资本模式。1895年,弃官下野的杨宗濂、杨宗瀚兄弟集资20余万两,引进国外机器设备,置纱锭一万余枚,创办了无锡历史上第一家近代纺织企业——业勤纱厂,由此开启了无锡近代工商实业的序幕。1900年,匡仲谋创办了无锡第一家织布厂——亨吉利布厂。1904年,在上海发家的周舜卿回到家乡东㳇开办了裕昌丝厂。1907年,吴玉书兴办了劝工染织厂,生产"小金山"牌色织布。同年,荣氏兄弟开始涉足纺织业,荣宗敬、荣德生、荣瑞馨等七人集资创办了振新纱厂。一次世界大战期间,西方列强忙于战事,暂时放松了对中国的经济侵略,无锡棉纺织业在此期间有了较大发展。至此,无锡三大支柱产业初步形成,棉纺、缫丝三分天下占其二。

1917 年杨宗濂之子杨翰西建广勤纱厂,1921 年,吴玉君、方寿颐创办豫康纱厂。1922 年,唐保谦、蔡缄三创办庆丰纺织厂,同年,唐骧庭、程敬堂等集资创办丽新染织厂。至此,小城无锡已有 6 家棉纺企业,纱锭 143886 枚,占全国华商总纱锭的 9.55%;布机804 台,占全国总数的11.88%,创下了历史上纺织业的第一轮辉煌,占据了全国纺织业重要的一席之地,无锡也由此成为一座以轻工业为特色的工商城市。

图 3-6 已有百年历史的纺织设备

至 1937 年日军侵占无锡前夕,无锡已有工厂 315 家,产业工人约 6.5 万人,年总产值 7726 万元。缫丝厂和缫丝车数量,分别占全省的 94% 和 95%,居全国城市首位。纱锭 24 万多枚,布机 3500 多台,分别占全省的 38% 和92%。工业产品的产量,棉纱占全国 0.8%,面粉占 12%,蚕丝占 40%。据1937 年国民政府军事委员会《中国工业调查报告》统计,无锡在全国 6 大工商业城市中,产业工人数仅次于上海,位居第二;工业产值仅次于上海、广州,居全国第三;资本总额居全国第五位。小城无锡由此跻身工商经济大市,在中国民族工商业发展史上写下了辉煌的一页。

一、杨氏兄弟:拉开无锡民族工商业序幕

创办无锡第一家民族企业的杨宗濂、杨宗瀚兄弟,原先都是李鸿章的下属。早在 1862 年,李鸿章率淮军东下上海时,杨宗瀚即应聘入幕司章奏;杨

宗濂则率本地团练一营加入淮军,成为李鸿章进驻上海的先锋营。兄弟俩均因功擢升官职。杨宗濂一度主持天津武备学堂,清末民初那一代彪悍北洋系军阀将领大体都是他的学生。1885年刘铭传督台湾军务并任台湾巡抚,杨宗瀚总办商务、洋务,兼开埠事宜,并督办台湾水陆营务处和负责营建岛内铁路。1891年,李鸿章因上海机器织布局出现巨亏,于是电召杨宗瀚接办。在杨宗瀚的悉心经营下,机器织布局很快出现转机,"物美而出数亦旺"。不料,此后的一场意外火灾,致使织布局200多万资产付之一炬,杨宗瀚引咎离职,其职务由盛宣怀取代。

图 3-7　文化商业街区

1895年,离职后的杨氏兄弟回到家乡无锡,在两江总督张之洞的鼓励和支持下,集资24万银两创办了业勤纱厂,其中8万两为杨氏兄弟自有股金,其余为公股和面向官绅的集资。虽然,杨氏创办的业勤纱厂也许资金并非纯粹的民族资本,其管理也烙印着许多封建印记,却拉开了无锡人工商创业的大幕,在工商发展史上具有开启性的意义,也成为无锡作为中国民族工商业发祥地之一的重要标志。可以说,1895年是无锡经济史上的一个分界点:在此之前,无锡城乡经济长期处于增长滞缓且时有反复的胶着状态,而此后到抗战前夕,几十年间民族资本企业迅速崛起,不仅形成了纺织、缫丝和粮食加工三大支柱产业,且有力带动了其他产业的发展,使得小城无锡和上海、广州、武汉、青岛等城市一起,率先进入了工业化发展阶段。

杨氏兄弟的办厂之举,一是受当时工商救国、洋务思想的影响,二是得益于无锡悠久而繁荣的经济传统,加之丰富原料和熟练劳动力等基础条件。1896年,业勤纱厂开工生产。杨宗瀚有过管理企业的经验,谙熟纺织业务,重视生产技术和产品质量,在其治厂的十余年间,业勤纱厂业务十分兴旺,虽然昼夜开工,产品仍供不应求,产品声誉鹊起,经济效益一路向好。他还派出企业骨干赴上海英商纱厂学习,回厂后仿照改革,并认真研究用户需求,尝试产品直销。1896年至1907年,业勤纱厂连年获利,盈余达五十余万两。

杨宗瀚和杨宗瀚相继去世后,宗瀚之子杨翰西和宗瀚之子杨森千为了争夺业勤纱厂的经营权而产生了矛盾,企业出现危机。1915年,杨翰西在时任山东省财政厅长的堂兄弟杨味云(杨宗济之子)的劝说下,从业勤纱厂撤出股份,与任财政总长的周学熙等合股,集资80万元(大洋)另起炉灶,创办了广勤纱厂。此时,正值第一次世界大战爆发不久,进口棉纺织品锐减,国内民族棉纺织业获得了一个良好的发展机会,加之杨家在工商界已有相当声望,杨翰西本人又通晓经营管理,企业获利甚巨。经过十多年经营积累,至1930年,资本已增至150多万元,纱锭数增至23000余枚,年产纱1700余件,布42000匹,用棉量6万余担。

在快速积累财富的同时,杨翰西还不断投资其他行业,延伸产业链。1911年他与人集资23万元创办了无锡第一家电话股份有限公司,1914年与人合资创办了中国内地第一家机器榨油厂——润丰榨油厂,1919年又创办了肥皂厂(后改为广勤丝厂)等。杨翰西的投资经营活动,善于借鉴国内外先进经验,不断大胆摸索,为中国经济近代化和城市现代化实践提供了先例。

从近代无锡民族实业家的创业史看,业勤纱厂的创办可谓开风气之先,体现了杨宗瀚、杨宗瀚勇于开拓的精神,而其后人杨翰西等工商运作实践,更有力促进了城市经济近代化的发展。

二、荣氏兄弟：成就无锡纺织霸业

荣宗敬、荣德生兄弟的创业起步于经营钱庄。兄弟俩的父亲荣熙泰曾在浙江乌镇的一家铁铺里做过账房，1883 年随清廷税官朱仲甫去了广东，在三水县厘金局和肇庆府衙任总账房，十多年中有所积蓄。荣氏兄弟均于十四五岁时赴上海裕源、通顺等钱庄学徒。荣德生 19 岁时随父赴广东帮办账务。1896 年，荣熙泰出银 1500 两，与人合资共 3000 两，在上海鸿升码头开设广生钱庄，由荣宗敬任经理，荣德生管正账，不久又在无锡设立分部，由荣德生负责打理。

在钱庄获利的基础上，荣氏兄弟开始转向实业，向面粉加工和纺织领域发展。1907 年，荣氏出面集资 27 万元创办了振新纱厂，这年秋天结算时发生亏损，董事会遂决定请荣德生出任经理。荣德生一面主管茂新面粉厂，一面坐镇振新纱厂，很快企业就转亏为盈。第一次世界大战期间，外纱进口锐减，纱价飙升，振新纱厂赢利颇丰。荣德生建议趁热打铁，在上海、南京、郑州创建振新二厂、三厂、四厂，但这一计划遭到大多数董事反对，荣德生愤而辞职，并退出振新股份，自谋发展。

1915 年和 1917 年，荣氏兄弟在上海集资建立了申新一厂和申新二厂。1919 年又集资 200 万元，在无锡创立了规模最大的申新三厂，其组织形式为无限公司，荣氏兄弟大胆将身家财产与企业捆绑一体，在当时尚属少见。1921 年申新三厂建成投产，拥有美英制设备纱锭 5 万余枚，附设轧花厂和布厂。至抗战前的 1936 年，申新三厂已拥有纱锭 7 万枚、线锭 4192 枚、布机1478 台，资产增值至 500 万元。

在申新三厂，荣德生率先革除了旧式工头管理制度，聘请纺织工程师担任高管，由专科毕业生管理车间，制定操作规定，实施奖惩考核，调动了生产积极性，生产效率大幅提高。申新三厂的企业文化也具有表率作用，1930 年设立"劳工自治区"，并实施各项劳工教育和福利制度，建立职工医院、消费合作社、职工子弟学校、机工和女工养成所等。1933 年春，又陆续建立单身女工宿舍、工人晨校、业余夜校、职工食堂、茶室、剧场、储蓄部、自治法庭、尊贤堂、英雄祠等，形成了一整套完整的现代企业管理运行模式。

抗战期间，无锡沦陷，申新三厂遭日军严重破坏，被抢掠、焚毁棉花4.8万担，棉布6.4万匹，棉纱3400件，厂房和部分设备被焚毁，损失极其惨重。抗战结束后，荣德生立刻返锡重整申新三厂，并接收茂新二厂。经过数年恢复，1948年申新三厂纱锭已增至8.1万枚，线锭恢复至战前水平，布机增至710台。但时值内战，美货倾销，货币贬值，物价飞涨，申新三厂陷入困境。新中国成立前夕，申新三厂生产已奄奄一息。

荣德生还有一个宏大的产业振兴计划，包括创办天元实业公司和开源机器工程公司，但因数年内战，民不聊生，经济萧条，这一计划只实现了一部分：兴建了全国第一家亚麻贴胶纤维的天元麻毛棉纺织厂，和制造纱锭、织布与磨粉等机器的开源机器厂。

无锡之所以成为全国纺织业的重要基地，不仅因为荣氏这样的企业务实进取、善抓机遇、注重管理，还在于他们极具经营意识。荣氏企业设备几乎全为进口，要引进世界最新机器设备，荣氏资金并不雄厚，但凭着经营钱庄的经验，荣氏在采购德国设备时，采取了分期付款方式，签约后先付一成，其余九成每3个月付一成，边生产边偿还，两年后付清全款。同时，在厂房扩建和配套设施装备上，荣氏兄弟又通过招标建筑、自办材料等力求节省开支。荣氏在引进国外机器设备的同时，还注重引进国外先进技术。比如，当时国外正大规模进行纺机改造，采用西班牙纺织专家发明的"大牵伸"技术进行纺纱技术改造。它不仅大幅增加棉纱产量，还有效提高了出纱支数和质量。这项技术发明第5年，申新厂就于1928年引进12台美国新式道白生大牵伸纺织机，细纱机前罗拉转速由每分钟110转提高为220转。不久，荣氏又将这项技术广泛推广到各厂，对原有老式纺机进行了改造。

除了技术改造，荣氏企业也在管理体制上进行了大胆改革。当时企业管理中普遍实行的是工头制，通过总管（总头脑）、领班、宕倌（拿摩温）等大小工头管理生产和监督工人，人事关系复杂，弊病颇多。其管理手段也原始而粗暴，常常发生人身限制、打骂体罚等。1924年，荣氏兄弟率先在申新三厂实行改革,他们采纳了"重臣"薛明剑等的建议,聘请曾在日商丰田纱厂负责技术工作的楼秋泉,到申新三厂担任粗纱间领班,又招聘毕业于杭州甲种工业学校(浙江大学前身),曾在日本纱厂实习的余钟祥,担任申三的"改良指导员",后又延聘从东京高等工业学校留学归国,在上海大中华纱厂任技师的汪孚礼为申三总工程师。为了推进改革、让事实说话,荣氏兄弟采纳了薛明剑的建议,把申新三厂的5万纱锭分成两部分,分别采用新旧两种体制,进行改革试验。采取新体制运行的楼秋泉等自愿管理2万锭较为落后、效率较低的美国纱机,老工头则负责3万锭效率较高的英国纱机。两种体制的优劣很快便显示出来,采用新制度的2万锭美国纱机,其生产效率和质量都远超3万锭英国纱机,车间和工人面貌也焕然一新。但在此后推行新制度的过程中,荣氏仍遇到重重阻力,因为工头权利被削弱,部分工人劳动强度加大,导致部分人不满。工头聚集了60多人,发起抵制体制改革。数日后,工头们又以一个职员的"桃色事件"为口实挑起事端,纠集社会地痞流氓进厂闹事,余钟祥等6名技职人员被打伤,成为当时轰动全城的"申三殴人事件"。事态严重之时,荣德生却专心致志研读《论语》,镇静和淡定之姿与平日并无二致。他对来人意味深长地说"中庸之为德也,其至矣乎"[①],凡事都应秉持"和为贵"、"允执厥中"的精神和衷共济,最终荣德生出面调和关系,采取新旧体制兼顾的办法平复了事端,工厂于4月29日重新开工。

20年代末,荣德生的三子荣一心、女婿唐熊源自美国罗威尔纺织大学学成归国,担任申新三厂副经理,又重新加快管理体制的改革,才基本完成新旧交替,在申新三厂建立起近代企业管理体制。随后,荣家的其他企业也都先后不同程度地推行了管理制度改革。20世纪20年代中后期,正是各地工人为争取自己的权益而进行斗争、罢工浪潮风起云涌之时,荣氏企业采用这种恩威并施的方式,既引进西方泰罗制的严格管理,又糅合了中国传统儒学"仁爱"、"德治"的精神,建成了自成一体的管理模式。

无锡城西梅园荣德生"乐农别墅"一侧,有三张造型奇特的石桌,石桌的

---

① 《论语·雍也》。

桌面各是一扇加了铁箍的石磨盘，旁侧石碑镌有文字"念创业维艰，遂置石磨于梅园浒山南麓……1992年迁往乐农别墅，以资保护并昭示敬业精神"，历经百年风雨的这三爿创业石磨，既寄托着荣氏的心念，也渗透着后人的解读，成为荣氏家族艰苦创业的历史见证。

三、庆丰纺织：唐氏辉煌的创业传奇

提起唐家，无锡无人不知。无锡唐氏的祖先唐荆川明朝时曾任兵部侍郎。明末，常州唐氏第十一世中的一支移居无锡，至唐懋勋已是第十六代。唐懋勋（1800—1873），唐氏后人尊其为景溪公。1860年，太平军攻克南京，兵锋祸及江南，唐懋勋携妻儿老小一路东奔，来到位于锡、澄、虞三县交界处的严家桥定居下来。这里地理位置比较偏僻，交通相对闭塞，但土地肥沃，民风淳厚。

定居后的唐氏，先在集市中心双板桥堍开了一家"春源布庄"，获利不俗。不久战乱结束，唐懋勋抓住战后人口锐减、地价大跌之机，大量购进土地，兴建了唐氏仓厅，囤售粮食。为方便水路运输，又建造了唐家码头。没多久，唐家就成为富甲无锡东北乡的大户。1866年，年迈的唐懋勋把家业交给了唐洪培、唐福培两个儿子打理。两兄弟青出于蓝而胜于蓝，除了经营"春源布庄"、唐氏仓厅外，又创立了"同济典当"、"德仁兴茧行"、"同兴木行"等商号，生意十分兴旺。

唐氏的第三、第四代大都在严家桥出生成长，从小受到良好教育和培养。他们不满足家族已有成就，先后到更广阔的天地中开创新业。从20世纪初到三四十年代，他们在上海、无锡创办了多个唐氏企业，如无锡杨万和布庄、九大布行、九余绸布庄，以及著名的庆丰纱厂、协新毛织厂、丽新纺织印染厂、九丰面粉厂等。无锡民间，一向有民族工商业"六大资本集团"之说，其中，唐家就占了两个，以唐骧庭（殿镇）为核心的"唐程集团"和唐保谦（滋镇）的"唐蔡集团"源出一个唐氏，麾下企业被誉为"两丰"（庆丰与九丰）、"两新"（丽新与协新），但在资本上是相对独立的。

1916 年，唐骧庭与程敬堂等筹集资金，接盘了冠华手工织布厂，并将其扩建为丽华机器织布厂，1919 年又在无锡映山河创立了丽华第二布厂。因办厂需要，其子唐君远应父亲要求从上海弃学返乡，加入企业管理经营。1922 年，唐骧庭再次与程敬堂等合资，建立丽新机器染织股份有限公司，开设丽新染织厂，这是当时无锡染织业资本最雄厚、设备最完备的企业。此后丽新不断增添设备、扩大规模，于 1933 年建成丽新纺织漂染整理公司，拥有纱锭 1.6 万枚、线锭 6400 枚、布机 650 台，年出纱 4000 件，出布 20 万匹，所产"双鲤"牌布匹销遍全国，远及欧美。至抗日战争前夕，丽新已发展成为纺、织、印染和具有自发电能力的全能工厂。1935 年，又集资创办无锡第一家具有毛纺、织、染整套设备的协新毛纺织染厂，并从澳大利亚进口上等羊毛，生产"万宝齐来"、"不蛀呢"等毛纺织品，因产品质量优秀而蜚声海内外。

"丽新"十分注重技术革新和质量提升，不断追随国外新技术。不仅四处搜罗专业人才，高薪聘请国内外纺织专家，还引进了英国立脱精梳机、精元机、印花机、轧府绸整理机，瑞典汽轮机、发电机，德国自动加煤锅炉，以及国外"海昌兰"染料，生产出永不褪色的布料，又从国外购进新型增白剂，科学配比加入浆料中，提高了布料色彩的鲜亮度。工程师张炳春通过对国外织物的解析研究，发明了正反手纱交织鸳鸯府绸，成为市场热销品。印花工程师殷冷光利用烧碱会使布起皱的原理，发明了泡泡纱。依赖技术人员的革新，"丽新"不断出新，全盛时期，产品种类多达 100 种，其中"九美牌"府绸、"鲤星牌"提花布、"长胜王牌"精元布等是市场长盛不衰的布品。"长胜王牌"精元华达呢、直贡呢和印花深色斜纹哔叽超越了日商同类产品，1933 年日本《朝日新闻》将丽新纺织厂称为日商之"劲敌"。"丽新"还深入调研农村市场，根据农民喜好生产了"麦草花"、"凤尾花"等带有乡土气息的花布，因价廉物美，广受苏南农村客户喜爱。"丽新"还根据两广、香港、南洋等地消费者喜轻透、重花色的特点，推出鸳鸯府绸、印花麻纱、条子漂布等特色产品，获利甚丰。无锡沦陷后，唐君远因拒绝与日本侵略军"合作经营"的要求，被关押半月之久，工厂也遭到严重破坏。唐君远获释后，唐氏父子避祸沪上，在上海成立了昌兴纺织印染股份有限公司。

1920 年 3 月,唐保谦(滋镇)与蔡缄三等集资创办了庆丰纺织厂。次年 4 月成立庆丰纺织股份有限公司董事会,薛南溟任董事长,唐保谦任经理,蔡缄三为协理。该厂 1922 年建成,有纱锭 1.48 万枚,织机 250 台,1000 千瓦汽轮发电机组 1 座。1934 年,庆丰增建漂染工场,所产"双鱼吉庆"牌棉纱及"双鱼"、"牧童"牌平布颇受市场青睐。1928—1935 年,庆丰盈利达 285 万元,资本增至 300 万元。至抗日战争前,庆丰已拥有纱锭 6.47 万枚,线锭 4024 枚,织机 725 台,发电机装机容量达 6600 千瓦,成为无锡七大纺织企业之一。

唐星海是唐保谦次子,1919 年从北京清华学校毕业,入美国麻省理工学院攻读机械制造和纺织管理专业。1923 年毕业,获得纺织、纺织企业管理硕士学位。1923 年 10 月学成回国后,出任庆丰纺织厂副总管兼纺织部工程师。唐星海在清华读书时曾咨询父亲,自己将来应该做什么,父亲说:"你为人太冲,太过自信,不是做官的料,做官的人得八面玲珑,还要难得糊涂,你怎么做得来——日后不许你从政为官,只一心去从商,从这方面去承继祖业吧!"唐星海担任庆丰厂副总管兼纺织工程师后,"忠实勤奋,励精图治",对技术与管理大刀阔斧地进行了改革,使生产效率明显提高。①

唐星海出任庆丰厂经理伊始就订下了"忠实勤奋,励精图治"的"厂训",并努力以身作则。他取消了传统治厂手段和家长式管理制度,逐步建立起美国式先进管理模式,取消了稽查处,建立了以工程师为核心的工务处,取消了总管督办,代之以厂长负责制。作为出色的企业当家人,唐星海深知人才培养的重要,他不惜重金用于智力投资,造就了家族中"千"字辈的众多人才,还四处搜罗人才,高薪聘请许多专家能人管理企业,如被聘为厂长的著名纺织工程师骆仰之,主持电机工作享有盛誉的机电工程师范谷泉、张功焕,还有南通纺院高才生、后名列"中国十大纺织工程师"的王方揆,以及担任戚墅堰机车厂经理成绩卓著的吴玉麟,也被邀为厂长。他甚至不惜以十根金条、一座洋房的代价,将日商棉厂的厂长魏亦久挖来任庆丰的厂长。

---

① 柳渝主编:《唐星海和"保丰""庆丰"》,《中国百年商业巨子》(下卷),东北师范大学出版社 1997 年版,第 177 页。

　　唐星海制定了一整套具体细微、切实可行的管理制度，并从美国购进了用于考核的子母钟、计时钟与更钟，加大对巡警夜间巡逻的要求。一次，唐星海在巡视中车间里有个技术保全人员正悠闲地踱步，他叫此人把手伸出来，看到的是一双雪白的手，他立即批评道："保全保养需要跟进式检查，难免要触摸机器，否则就无法及时发现故障，看你这双手，像是常摸机器的样子么！"立威之外，唐星海也注意辅之以恩，唐氏企业的员工福利在当时实属优厚，企业有浴室、医疗室、职工宿舍、合作社、培训学校，工人最大限度地享受到企业带来的福利。

　　潜心经营之下，至 1934 年，庆丰已拥有纱锭 62200 枚，线锭 41200 枚，布机 720 台及全套漂染设备。1931 年，唐星海又筹建了庆丰漂染厂。到 1936 年年底，庆丰漂染厂的资本已由初创时的 82.89 万大洋，激增至流动资金 300 多万大洋，固定资产 570 万大洋。"庆丰"为了拓宽市场，在上海、临潼、徐州、广州设立了代营机构、办事处或营业所，并将上海的办事处改为总公司。

　　1937 年 10 月 1 日，沿沪宁线狂轰滥炸的日寇飞机炸毁了无锡火车站，三枚炸弹落入庆丰厂，一枚将漂染工场全部摧毁，另两枚炸毁了一、二工场三分之一的厂房与设备，还引发了一场大火，损失难以计数。唐星海原本打算移师汉口办厂，但日寇很快逼近中南地区，他只好折回上海，在沪上筹建"保丰"厂。但日寇很快接管了上海租界内的纺织业，大肆掠抢铜铁，"保丰"也遭受重创。

　　抗战胜利后，唐星海立刻重整旗鼓，在获得国际救济总署四万担美棉资助后，唐氏企业很快恢复到战前情况，甚至超过了战前水平，新办了许多新企业，如"公永纱厂"、"庆源号"、"大利达"布庄、"宝丰堆栈"等。但好景不长，内战频仍，民族企业处境艰难。1948 年 8 月金圆券登市强购民间黄金、美钞，陷民族企业于水火之中。唐星海不得已携眷去了香港，从此定居于香港，开始了海外创业。

　　唐氏子孙传承了祖辈优秀的经商基因，代有创业精英，企业从无锡拓展到上海、香港，并遍布海内外。唐氏企业传至第四代唐星海（炳源）、唐君远（增源）时，可谓发展到了一个新的高峰。唐君远（增源）曾任上海政协副主席。第五代"千"字辈的 64 人中,绝大多数卓有成就,为海内外知名企业家、金融家,各领域专家、教授、工程师。

杨、荣、唐等纺织业大亨的艰苦创业和辉煌成就,不仅为无锡在 20 世纪初的崛起奠定了坚实的产业基础,也为中国民族棉纺织业的发展提供了优秀的经营范式。

第三节　丝码头:名播遐迩的缫丝业

《诗经·邶风·绿衣》云:"绿兮丝兮,女所治兮。"可见早在春秋时期蚕桑丝织就已成为人们生活的重要内容,长江流域的楚、吴、越等国都已有蚕桑、丝织业,吴越之间甚至因为女子采桑而发生过战事。

明清时代,江南的生丝市场逐渐成熟。延至近代,随着丝织业的兴盛以及国际生丝需求的增加,江南生丝产销量都有了更大提高。19 世纪 80 年代,江南生丝年产量已达 350 万—400 万公斤。生丝生产仍以手缫业为主,市场流通均为农家土丝。植桑、养蚕、收茧、缫丝、织绸等工序均在乡间完成。那一时期,无锡的土丝集散中心已有多处,每年六月土丝集中上市时,丝行林立,四乡蚕农上市售丝,"途为之塞"。经营规模较大的丝行有 30 余家,他们除收购本地土丝,贩至上海售与洋行或华商丝行(栈)外,还大量收购或转运邻近各县的土丝,营销量超过 20 万斤,价值超 48 万海关两。

随着机器缫丝业的兴起,对蚕茧的需求随之增加,江浙两省出现了代收蚕茧的茧行,土丝集散也逐渐让位于蚕茧购销,丝市遂转变为茧市,手工缫丝开始衰落,蚕茧交易市场开始形成。因为水运便利,19 世纪 90 年代无锡茧市已十分兴旺,规模较大的有 70 余处,有茧灶 800 余座。外商也不断来锡设立茧行,由此吸引了省内外、包括浙江、安徽等地的茧农从水路载运蚕茧来锡出售,因此,20 世纪初,无锡已成为苏、浙、皖三省蚕茧交易集散中心。

图 3-8 蚕种仓库

一、裕昌丝厂:无锡缫丝业的初兴

无锡的第一家机器缫丝厂——裕昌丝厂,创办于 1904 年,其主人是近代著名实业家、"煤铁大王"周舜卿,这是一位在近代工商史上不能不提的人物。1896 年,周舜卿就与薛南溟联手在上海投资永泰丝厂,并在苏州投资了苏经丝厂和苏纶丝厂。1902 年,周舜卿为处理已购进的积压生丝,向上海华伦丝厂购买旧丝车 96 台,自己进行缫丝生产,获利颇丰。1904 年,他斥资 8 万银两(约折合银洋 11.2 万元)在家乡置地建厂,并购入仿意大利式缫丝车 96 台。

裕昌丝厂开办之初,货源主要来自周舜卿自营的茧行,便于对鲜茧数量质量控制,后来也向宜兴、溧阳等地收茧。"裕昌"丝品的商标为"锡山"、"金鱼",是当时公认的优质丝,主要销往美国和法国。开办初期经营平稳,每年约有两三万银元盈利。1911 年,受辛亥革命影响,加上国际丝市不景气,裕昌丝厂出现亏损。周舜卿遂将裕昌丝厂的资产分成"实业"和"营业"两块,"实业"即包括机器、厂房在内的固定资产;而"营业"则指向他租用厂房机器的生产经营,租赁经营者需向周舜卿每年缴纳租金。这样,虽然赚不到大钱,却也免去了亏损。

第一次世界大战爆发后,欧美列强疲于应付战事,工业生产急剧下降,国产生丝出口猛增,周舜卿见市场转好,遂将裕昌丝厂经营权收回,很快便获利倍增,最高的为1922年,获利高达15万元(银洋),企业资产也翻了三倍多。1920年,周舜卿投资4.2万银两(约折合银洋5.88万元)①,将位于无锡金钩桥的堆栈改建成拥有丝车272台的慎昌丝厂。

1882年,胡雪岩曾最早在上海开办丝厂,经营蚕丝出口,他高价收购生丝,抗衡洋商的压价收购,但终因洋商排压而倾家荡产。十多年后,周舜卿却凭借智慧和胆识将丝厂办得风生水起,赚得盆满钵满,可谓奇迹。1923年,周舜卿患肺炎病故,其长子周肇甫不善经营,盲目投资,导致丝厂每况愈下。加之20年代末30年代初世界性经济危机的爆发,周氏丝厂由此一蹶不振,周舜卿开创的丝业王国就此衰败了。

二、丝茧大王:薛氏由仕而商的成功转型

薛氏是无锡城里的著名望族,也是近代无锡民族工商业的六大资本集团之一,薛宅因其占地之巨而被称为"薛半城",有民谣曰:"走穿脚底跟,跑不出薛家门。"薛氏代表人物薛福成以副贡生入曾国藩府任幕僚,为"曾门四大弟子"之一。曾国藩去世后,薛福成在李鸿章幕府协办洋务,与曾纪泽、郭嵩焘、马建忠等同为洋务派喉舌。在宁绍道台任上,率部顽强抵抗法军入侵,在中法海战中取得了中国晚清海战史上唯一的胜利。1888年,薛福成出任英、法、意、比等欧洲四国钦差大臣,在办好外交之余,他认真考察西方列强,汲取先进思想,提出许多富民强国建议:主张学习西方,实行君主立宪,支持私营工商实业,创办新式学堂。

1894年薛福成去世,早就不满官场现状的薛南溟趁为父发丧申请丁忧,

---

① 当时一两白银约折合为1.4银元。

随后毅然弃官从商。薛南溟所处年代,正是中国被列强瓜分的动荡时代,列强依仗经济实力和各种特权,疯狂掠夺中国资源,包括中国丝茧。他们在中国各地设立茧行,开办丝厂,垄断蚕茧收购,操纵丝茧价格。薛南溟目睹这一现状,而江南遍地蚕桑,他决定从收茧起步,先代一位意大利商人收茧,熟悉经营过程。不久,薛南溟便在无锡四乡投资设立茧行,1910年,已独资开设茧行14家,拥有茧灶530多副,每年收鲜茧约5万余担,烘干后销往上海,获利甚丰,为创办缫丝厂打下了基础。

1896年,薛南溟邂逅了在上海发家的同乡周舜卿,二人合资5万银两(约折合银洋7万元),在上海开办永泰丝厂。当时,丝茧市场完全操控在洋人手里,他们囤积蚕茧,高价转售给中国缫丝厂,又故意拖延收购,待中国丝厂资金告急,再压价买入,致使许多中国缫丝厂倒闭。永泰创办伊始,根本无力与洋商抗衡,加之薛南溟不懂经营管理,一年下来,亏损严重。周舜卿见状抽回了本金。薛南溟多方告贷,拍卖原产才勉强渡过难关。此后永泰几易经理,仍回天乏术。正值焦头烂额之时,有人向薛南溟推荐了原上海纶华丝厂的总管徐锦荣。徐锦荣出任经理后,狠抓管理和产品质量,终于生产出"金双鹿"牌高质量生丝,形成了市场优势和价格优势。1912年,薛南溟又在无锡租下锡经丝厂,改名锦记。1918年,他出资5.2万两(约折合银洋7.28万元)收购了周月珊的隆昌丝厂,又以5万两(约折合银洋7万元)建造永盛丝厂。在获利基础上,1920年再次出资4.8万两(约折合银元6.72万元)建造了永吉丝厂。1921年在美国纽约举办的万国博览会上,"金双鹿"牌生丝荣获"金象奖"而一举成为国际知名品牌。

1925年,薛南溟在无锡南门外知足桥堍辟地20亩,将上海永泰丝厂迁移至无锡,并将永泰、锦记两厂交给留学归来的幼子薛寿萱管理。至此,薛氏已拥有永泰、锦记、隆昌、永盛、永吉5家丝厂,有缫丝车1814台,工人3000多名。当时无锡共有丝厂14家,缫丝车4012台,资本额为118.7万大洋,薛氏所占比例分别为36%、45%和29%。

薛寿萱肄业于苏州东吴大学,1921年赴美入伊利诺思州立大学学铁路管理和经济管理,其妻荣卓仁是著名实业家荣宗敬之女。1925年永泰丝厂迁锡

图3-9　丝业博物馆

后，薛寿萱出任永泰、锦记的协理，不久后成为薛氏财团的当家人。薛寿萱主持薛氏集团后，永泰开始步入新的发展时期。为了提高蚕丝质量，他首先致力于蚕种、桑种的改良。他在《锡报》刊文指出"改革华丝，根本须谋改进蚕桑"。1929年，薛寿萱与人合资创办了永泰第一蚕种厂，培育"永字牌"优良蚕种，接着又办了永泰第二蚕种厂和二厂分厂，继续推出"永字牌"优良蚕种。并设立永泰蚕事部，从丝厂选拔有丰富蚕桑经验者赴乡村组织合作社，凡参加养蚕合作社的蚕农，都能获得免费技术指导，并可凭证明到薛氏茧行出售茧子。因蚕种优良，成品丝茧质优价高，农民竞相购买永字牌蚕茧，并纷纷加入养蚕合作社。高潮时，仅无锡县的养蚕合作社就有120余所，技术指导员达300余人。永泰蚕事部还在江阴、武进、宜兴、溧阳、金坛等县兴办蚕农合作社，受其实际控制的蚕农合作社多达400多个。改良的蚕茧不仅缫出的生丝丝质好，并且每缫一担丝可少用80余斤鲜茧。当时，一般土茧300斤鲜茧才能烘成100斤干茧，500斤干茧缫一担生丝。改良后的蚕茧，只要280斤鲜茧就能烘成 100 斤干茧,380 斤干茧就能缫一担生丝。为垄断优质茧源,薛寿萱还通过各县地方势力控制茧行,至 1936 年薛氏已控制了 600 多家茧行,每年收春茧 30 万担、秋茧 20 万担,开始成为国内丝业大亨。

薛寿萱同时大力改造和进口先进设备,他多次派人出国到日本丝厂考察,发现日本的设备远比自己使用的意大利设备先进得多,当即购买长弓式煮茧机一台,又购买一批最新的立缫车。随着永泰系统丝厂的不断发展,原来的土制烘灶已不能满足生产的需要,他叫一批专家设计制造了新式烘茧机,使烘茧的效率大大提高。后来,他又聘请专家研制新型立缫车,1929 年年底终于造出国内第一台新型立缫车,并投入批量生产。至 1933 年,薛氏资本集团已有 922 台丝车改为小复摇,并在国内首创扬返式丝车,从而进一步提高了生丝的质量。薛氏永泰系统的缫丝厂使用的设备是当时最先进的,从抄茧到打包整个工艺过程十分完善,他的实力已非一般丝厂能望其项背。

"永泰"的发展,首先得益于薛南溟的知人善任,使得处于危机之中的"永泰"在徐锦荣的管理下起死回生并迅速发展。薛寿萱出任经理后,也十分重视企业人才,他不惜重金聘请专家权威来永泰工作,如聘请留学美国麻省理工大学的薛祖康任永泰丝厂厂长、工程师;也曾多次组织高级职员赴日考察,开阔眼界,提高其业务水平;并在厂内开设中级职员技术训练班,学习制丝学、日文、工厂管理等,为永泰培养了大批基层管理人员。

1929 年秋冬,西方世界爆发了严重的经济危机。1930 年年底,国内丝业"外感欧美市场之猛跌,日丝竞销之影响,内受茧产之薄弱,成本之高昂,处处牵制,步步打击,致厂不论新旧,范围不论大小,莫不焦头烂额"。无锡全县 48 家丝厂,资本总额 250 万元,半年内损失总额竟达 400 万元以上。至 1932 年,生丝出口几告绝迹,大多数丝厂被迫停工甚至破产。缫丝业的萎缩,很快殃及农村蚕桑业。1930 年、1931 两年茧市汛期,农村茧行门庭冷落,无人问津,至 1932 年春,无锡 500 余家茧行仅剩 15 家开秤收茧。但茧价已由 1929 年的80—100 元/担,跌至 20—25 元/担。①

---

① 《无锡市丝绸工业志》,上海人民出版社 1990 年版,第 82 页。

抗战前,中国的生丝出口全为外国洋行所垄断。一方面,洋行控制生丝检验权,竭力压低丝价。一方面,洋行操纵市场从中盘剥华商。面对严酷现实,从上世纪20年代后期开始,上海、无锡等地少数实力较为雄厚的丝厂,一直在努力摆脱洋行的控制。1930年,薛氏资本集团与无锡乾牲、振艺,上海瑞纶丝厂联合组织了"通运生丝股份贸易公司",薛寿萱任董事长。组织后的丝厂,可通过通运公司直接运销国外,纯利润比通过洋行销售高出1倍左右。

薛寿萱还派人到美国进行市场调查,发现美国厂商收购价远高于外商洋行价格,也高于通运公司运至美国销售的价格。薛寿萱便开始考虑在美国开办公司,直接面向用户销售生丝。他派薛祖康到美国纽约筹建薛氏公司,1932年纽约永泰公司正式成立,经过一年多营运,利润非常可观。鉴于这种情况,薛氏还在英国曼彻斯特、法国里昂、澳大利亚墨尔本等地聘请代理人,直销永泰丝品。1936年,永泰丝厂出口生丝达2.5万包,占当时上海出口总量的50%。在旧中国蚕丝对外贸易史上,能够摆脱洋行控制,自主开拓国际市场的唯有薛氏集团最为成功。

1936年,薛寿萱联合无锡36家较大的丝厂,发起组织无锡兴业制丝股份有限公司,自任经理,以实现内联外挤,提高与日商丝厂的竞争力,进而控制江、浙、皖地区600余家茧行,形成一个以永泰为中心的丝茧垄断集团。至此,永泰系统直接控制的丝厂有16家(其中自办丝厂5家,租营丝厂11家),流动资金120万元,丝车总数6674台(其中永泰5家丝厂2000余台),日产生丝85担,产量占无锡丝业的60%以上,资本占无锡缫丝业资本比重的78%,从而确立了在中国丝业的霸主地位,薛寿萱赢得了"丝茧大王"的美称。

抗日战争中,永泰企业被日军严重毁坏,受到致命打击。1938年1月,薛寿萱携家眷定居美国。在美期间,他当上纽约证券交易所经纪人,并担任美国惠立斯汽车公司董事,海外事业几经起落。1972年,薛寿萱因患肺癌在美国纽约病逝,终年72岁。薛氏虽然大多迁居海外,但为无锡丝业乃至中国丝业的崛起做出了重要的历史贡献。

第四节　钱码头：稳健灵活的金融业

钱码头，是无锡的"四码头"之一。之于米码头、布码头、丝码头而言，钱码头发挥了重要的金融支撑作用。因为有了与商流、货物流相适应的资金流转，无锡因此也成为依托上海的区域性资金融通枢纽，是长江下游地区重要的"放款码头"。而无锡人的精明灵活、善于牟利的秉性也在金融经营服务中得到更为充分的展示。无锡知名学者汤可可指出："近代以来，包括金融在内的社会经济生活发生急剧变化，多元矛盾相互羁绊、冲突，形成了更加错综胶结的经济社会联系。透过资金的周转环流，可以看到无锡金融组织制度的深刻变迁，及其在经验积累、风俗演化、思想熔炼等方面所作出的积极贡献。"[①]

一、"克存信义"的钱庄文化

江南一带，唐代已有可寄存钱物、异地支取的柜坊，类似于今天的异地汇兑，服务于南来北往商人商贸活动的需要。唐以后，柜坊逐渐沦为赌场，最终为官府所查禁。宋代，官府对大宗商品运销实行"交引"制度，通过发放盐引、茶引等有效凭证（类似汇票）来调控盐茶交易，即在一地交款换取契券，凭证到产地提货（盐、茶），再运至指定地点销售。

钱庄的前身是明代的钱肆、钱铺，也称钱桌、兑店。专事米业、布业的钱庄称钱米铺、钱布店，业务有限，规模较小。万历以后，钱铺、钱肆不仅经营钱钞兑换，也兼营存款、放款业务，开始具有综合金融功能。苏南襟海带江，水路交通发达，经济贸易繁盛，清代时得益于经贸发展，钱庄业务更为丰富，不仅兑换银钱、吸纳存款，还兼营金银饰品抵押借款和发行钱票、钱筹。太平天国战争结束后，无锡丝业恢复，钱庄规模也开始壮大，出现了恒德钱庄（后改

---

① 汤可可编著：《无锡文化丛书·工商华章》，江苏人民出版社 2006 年版，第 113 页。

名达源)、知仁钱庄(后改名辅仁)、亨茂钱庄等,经营存放款和汇划结算等信用业务。

光绪十四年(1888年)起,江浙两省漕粮集中在无锡采办,米市繁盛,各业富商纷纷集资开设钱庄。至清末,无锡有钱庄14家,并形成"汇划钱庄"与"挑打钱庄"(小型钱庄)并存互补的格局。汇划庄资本较雄厚,可从事跨地区的汇兑和结算业务。挑打庄实力较弱,局限于本地收解款和结算业务。小钱庄又进一步分为"元"、"亨"、"利"、"贞"四等,业务各有侧重。

民国初期,政局动荡,商贸受抑,加之因灾粮食减产,许多地方禁止稻米出境,致使无锡米市不振。钱庄业务受到影响,有些钱庄被迫停业。1914年,无锡钱庄仅剩9家。第一次世界大战期间,外国资本势力暂时收缩,民族工商业得到生息发展,钱庄业务也迅速有了起色。上海颜料商薛宝润等联袂在锡开设永吉润、宝康润等6家钱庄,被称为"润"字号钱庄或"颜料帮钱庄"。1920年,无锡较具规模的钱庄已有21家,同年,钱业公会成立。至20年代末,无锡银钱业发放的工商业贷款余额2200多万元,其中钱庄为1400余万元,占比65%强。

20年代末30年代初,社会上"废两改元"①呼声日高。国民政府为构建国家金融垄断体系,对中小银行和钱庄采取挤压、兼并政策,而外商银行、洋行也纷纷放弃与钱庄合作,转而选择国内银行作为其代理人。1927年起,外商银行不再收受钱庄远期庄票,钱庄的汇划制度就此结束,在"废两改元"和"法币政策"下,钱庄沦为中外银行的附庸。在1935年春夏之交爆发的"白银风潮"中,江浙一带上百家钱庄、数十家银行在风潮中倒闭,无锡钱庄仅存7家。至1937年日寇侵华,无锡工商经济遭到严重破坏,钱庄全部闭歇,钱业资金大量流向上海租界,只余个别小钱庄,专事货币兑换和外地通汇。1941年日军侵占租界,加强对沦陷区经济的控制,收兑"法币",扩大伪中储券的发行,利用银行、钱庄的调拨汇划,从中国内地套购物资,补给侵略战争中的耗

---

①　当时金融业"银两"与"银洋"并存,一两白银约折合1.4元银洋,并随市场变化有所浮动,带来交易、汇总中诸多不便,故社会上"废两改元"呼声日高。

费。日伪当局废除了钱庄开设须经钱业公会表决通过的规则,改由向伪财政部申请登记,滥发钱庄执照,导致钱庄业无序发展。当年度无锡钱庄、银号、信托公司领照数达 52 家,抗战胜利前夕更增至 73 家,完全脱离了正常轨道。抗战胜利后,国民政府加强金融整顿和垄断,无锡核准营业的钱庄为 7 家,大量勒令停业的钱庄转为地下经营,在恶性通货膨胀和高利贷背景下,钱庄的经营成了投机倒把者牟利的工具。

"克存信义"、"一诺千金"是钱庄经营恪守的立业准则。无锡的工商业大多靠"借款办厂、举债扩充"发展起来,因此放款业务常年不衰。20 世纪二三十年代,钱庄对民族工商业的贷款约占总额的 25%—30%。1918 年秋季,无锡钱庄放款额为 1400 多万元,而其时钱庄吸纳存款额不过数百万元,资金缺口极大,钱庄只能向外地同业拆借来完成放贷,常年拆借资金达 1000 多万元,最多时达到 2000 多万元,无锡因此赢得"放款码头"的称号。注重诚信是钱庄业生存的基本法则,虽然放款方式、期限、利息十分灵活,但只有信誉好的客户才能获得借款和透支,信用不佳的客户则会受到同业的共同拒绝。祝兰舫、周舜卿、荣宗敬等民族实业家的创业兴业,均得益于上海、无锡等地钱庄的支持,亦可见钱庄在经济发展中筹资融资的巨大枢纽功能。

与山西票号一样,江南钱庄也是明清之际适应商品经济发展而出现的传统金融机构,但近代以来,票号急速衰落,很快退出历史舞台,钱庄则在起落变迁中得以曲折发展。其中缘由,除了票号得益、受制于官府、官僚、官款,一旦朝廷灭亡、依托丧失,很快便淘汰出局,还在于票号抱残守缺墨守成规,未能审时度势、灵活发展。而钱庄在波澜起伏、风云际会的背景下能够顺应时代大势,在传统的信用制度和组织框架中不断融入近代化服务功能,并与海内外银行建立起新的分工合作关系,实行多元合作竞争,在合作中形成优势,完成了自我转型。

此外,钱庄得以生存还有赖于其稳健的经营策略,既注重信誉,又严格审核借款者信用,尽可能减少风险和损失。钱庄对客户的服务也细心周到、热情谦恭,不厌烦琐,尽可能方便顾客,经常上门服务,且做到一视同仁。除春节等少数节假日,钱庄全年无休。抗战前,无锡银行业的营业额数倍于钱庄,而钱庄客户数则几倍于银行,从一个角度印证了钱庄优质服务对普通客户的吸引力。

二、稳健而灵活的银行文化

无锡银行的发展与近代工商业是紧密依存、相辅相成的关系。1906 年,在清廷官方支持下,无锡实业家周舜卿在上海开设了国内第一家私人商业银行——信成商业储蓄银行。该行创办资本 50 万两(折合银洋 70 万元),周舜卿自任总经理,沈缦云为协理。1907 年 2 月周舜卿在无锡成立了信成商业储蓄银行无锡分行,后又在北京、天津、上海北市、南京等地开设分行。经营存贷款、汇兑、票据贴现和发行钞票等业务。清政府对这家银行给予了钞票发行特权,建行 5 年间累计发行钞票 110 万元(银洋)。信成银行信誉优良,经营灵活,利息优厚,很快在无锡吸储了 30 万元。

信成银行无锡分行设在北塘财神弄口,注册资本 10 万两(折合当时银洋 14 万元),由蔡缄三任经理。无锡分行的经营参照钱庄,注重办理信用放款,兼办抵押贷款,对无锡粮丝贸易以及振新纱厂重组、茂新面粉厂的技术改造等都予以了支持。辛亥革命上海光复也曾得到信成银行的大力支持,从购买军械到捐助军饷,信成银行实际上充当了沪军都督府的财政收支机关,垫资不下数十万元。清王朝被推翻后,信成银行失去了钞票发行特权,又受清廷灭亡牵连遭到储户挤兑,而支持同盟会和上海革命军的大笔款项无从收回,遂只得宣告破产。周舜卿"分途爬梳",勉力偿还存款,为此耗去大半私产。此后,周舜卿退出金融界,集中精力经营缫丝工业和煤铁商业。

1908 年,官办裕宁、裕苏官银钱局由张之洞奏准在锡设立分局,作为地方性的官办金融机构,裕宁、裕苏起初只受理官方存款,裕宁偏重盐款,裕苏偏重税款,后逐渐兼办民间存贷业务。辛亥革命爆发后,裕宁、裕苏随之关闭。

民国建立后,1912 年岁末,江苏银行无锡分行成立,代理省金库,兼营商业银行业务。1913 年 4 月,官商合办交通银行无锡支行成立,主要进行铁路、电力、邮政、航运四业的投融资活动。1914 年 7 月,中国银行无锡支行创立,隶属于南京分行,面向无锡地方工商业办理存放款及收付业务,由杨翰西任经理。1917年至抗战爆发前,上海商业储蓄、大陆、中国实业、中南、浙江兴业、中国通商、新华信托等商业银行,先后在锡开设分支行或办事处,经营各项银行业务。

1919年,无锡籍银行家谈荔孙在天津创办了大陆银行,设总管理处于北京。1920年在上海开办分行,并相继于南京、无锡、苏州、南浔、杭州、绍兴等地设立分支机构。谈荔孙早年赴日攻读银行经济专科,回国后经清廷考试,出任度支部主事,后转任大清银行稽核。辛亥革命后,他先后任中国银行计算局长、国库局长,并在南京筹建分行并任行长。期间,袁世凯为筹集帝制经费,通过中国、交通两行滥发钞票,北洋政府从中透支达6000万元,陷银行于周转困境,济南、天津等地相继发生挤兑风潮,并迅速蔓延至各地。段祺瑞以国务院名义下令停兑,指示中国、交通两行"一律不准兑现、付现"。谈荔孙既不愿让百姓蒙受损失,也不愿抗拒政府指令,而是争取江苏都督冯国璋的支持,动用江苏省库财力,在苏锡常等地实施限制兑现(每个储户每周最多取现300元),并控制银元外运出省,使挤兑风潮渐趋平息。浙、皖、赣等省纷纷仿效这一做法,使一场席卷半个中国的金融风潮最终得到化解,谈荔孙也由此在金融界崭露头角。

南京政府建立后,实行金融垄断政策,一方面对中国、交通两行强制增加官股,以实现政府控股,并通过两行兼并弱小商行,另一方面推行以"废两改元"、"法币政策"为主要内容的币制改革,组建"四行"(中央、中国、交通、农民)、"两局"(邮政储金汇业、中央信托)、"一库"(中央金库)为核心的金融垄断体系。1929年3月和1930年3月,中央银行无锡分行和江苏省农民银行无锡分行相继成立。前者主要发行钞票、代理国库、经理公债、管理外汇,除吸收部分存款(包括银行存款)外,不开展商业性业务;后者为面向农村的专业性金融机构,经营存款、放款、汇兑等业务。

无锡沦陷后,银行业惨遭打击和劫掠,纷纷停业。中国、交通等分支行撤往上海租界。太平洋战争爆发后,租界被日军占领,这些银行又被迫清理改组,强制回到无锡复业。但各行采取紧缩方针,业务萧条。这一时期,日商朝鲜银行、伪华兴银行、中央储备银行、江苏地方银行等日伪银行则十分活跃，滥发纸币，搜刮民财，为侵华战争服务。抗战后期的 1944 年，一年就开设银行 23 家，金融秩序陷于混乱。

抗战胜利后，在锡敌伪银行分别由"四行二局"接手，私营银行、钱庄则停业清理。中国、交通两行相继恢复营业，中国实业、中国通商、浙江兴业等一些商行也返锡复业，由于特殊的地理区位条件，加之民族工商业的复苏需求，贷款、汇兑以及外汇买卖均相当兴旺。1944 年 12 月，为迎接抗战胜利，防止战后出现金融管理运行真空，国民政府颁布了《县银行组织法》，无锡遂开始筹设县银行，银行总股本 1000 万元，其中商股占 80%，官股占 20%，但官股迟迟未能落实。后由在沪经营烟草业的丁厚卿捐献 200 万元，才凑齐股本，于 1946 年初一正式开业。无锡县银行是近代无锡唯一的地方自营、官商合办的股份制银行，股东、经理和骨干人员均为当地工商界有影响的人物，故开业后一路向好、蒸蒸日上。无锡县银行不仅代理县金库职能，还经手各项税捐，并代收电费、电信费、学费等，基础日益巩固，很快建造起自己的营业大楼。1947 年 7 月 1 日，银行迁入莲蓉桥堍新楼营业，当年存款总额高达 2.05 亿元，代收税费总额 86.60 亿元，银行的资本金也增至 30 亿元。但随着内战愈演愈烈，经济环境恶化，最终国家金融垄断体系仍然解体了。

无锡的银行文化，根本上是西方金融组织制度的本土化，又融合了传统的思想理念和文化因素，是兴利除弊、变革创新的结果。既注重人际关系的综合运筹，又依托现代信用制度进行精细入微的稳健经营，体现了不同于传统、也与其他地区有区别的典型特征。

一是稳健经营，将安全放款作为经营基本准则。在无锡，银行通常以丝茧业、纱布业、米业和面粉业作为主要服务对象，对其原料收购、生产流转、产品营销等予以支持，但决不盲目行事。力求真实掌握客户信用度，强调"三C"（capital、capability 和 character）调查，全面把握放款对象的资产、能力和人格，规避坏账、失信、诈骗等风险。相对钱庄的注重人情，银行更强调抵押、担保和交易手续，"慎择客户，严选押品，以多抵少，且有妥保"。其二是进行灵活调剂。近代无锡是资金差入的城市，多数银行存款少、放款多，最大贷差高达存款总额的 847％。而多数银行总能在灵活调度中满足放贷需要，尽可能增加经营收益，不因利小而不为。其三是坚持优质服务。无锡银行普遍把"服务客户"作为宗旨。服务精细周到，态度殷勤和善，并能根据需求开拓新的服务项目，如开办儿女教育、子女婚嫁、养老储金、劳工储金（失业储备）等多项基金储蓄，给予利息优惠。并设立学生奖学金，汇寄学费免收汇费，既拓展了业务，又树立了良好形象。一些银行还开设"保本、保息、分红"储蓄，对储金会会员保证利息，利润盈余按比例分红，努力保护顾客利益。其四是强调科学管理。银行从业务管理、会计管理、成本费用管理到人事管理，都有一套严谨规范的规章制度，既吸纳国外银行现代管理制度的严谨，又兼顾了本地实际情况，讲求权利和责任的统一，既注重高效运行，又有严格的责任约束。无锡银行十分重视对员工素质的培训，将"育才"作为重要内容，加强员工的道德品质修养和业务技术训练，力求不断提升员工的基本素质。

第四章

超越：从『苏南模式』到转型发展

无锡是乡镇企业的发轫地，乡镇企业是无锡的骄傲。

同样经历了计划经济的长期辖制，但灵活机智的无锡人，却早就从历史潮流的回旋腾挪之中，清楚地窥见了社会未来的走向与态势。他们审时度势，通达应变，积极进取，善于寻找发展契机，以无锡人特有的机敏与精明，在计划经济铁桶般的防线中硬是挤出了一条生路，以水一般的柔中有刚的姿态，徐徐而行，汹涌澎湃，浩浩荡荡，扶摇腾挪，终于创造出中国改革开放进程中乃至经济发展史上的一大奇迹。

图 4-1　乡镇企业博物馆内的雕塑

20 世纪 70 年代末,满怀憧憬的中国人终于拨开阴霾,迎来了改革开放的春天。这时的中国,正经历一场深刻伟大的历史性变革。无锡人被压抑多年的能量,在这一时刻再一次爆发,乡镇企业异军突起,民办企业潇洒起步,开始了新的历史征程。

短短的二十年间,无锡农村的体制、经济、文化、生活以及人的思想观念都发生了重大变化,集体经济空前壮大,农民生活迈向富裕。在 80 年代国家"百强县"评比中,无锡县因为无可比拟的经济实力而被国务院经济研究中心和国家统计局评为"中国百强县之首",赢得了"华夏第一县"的美名。此后,无锡县又在 1991 年、1992 年、1994 年三届评比中均位居"全国综合实力百强县"第一位。乡镇企业的异军突起,使乡村经济得到蓬勃发展,激活了村镇市场经济之路,也奠定了无锡在新经济格局中举足轻重的地位。这是中国社会经济发展史上的奇迹,在某种意义上,也是无锡工商文化性格的又一次张扬。

第一节　乡镇企业的异军突起

无锡是中国乡镇企业的发源地,早在 20 世纪 50 年代,原无锡县东亭乡春雷村就聚集了一批造船业的能工巧匠,成立了一家集体性质的企业。此后不久,该村周边地区相继出现了一批集体企业,东亭乡因此而成为远近闻名的"工业乡",成为中国经济"苏南模式"产生的始源。

今天,中国乡镇企业博物馆就坐落在锡山区东亭春雷造船厂的原址,占地面积约 3.5 公顷、总建筑面积约 1 万平方米。博物馆的背后是当时的船码头,半敞的车间内展示的是半个多世纪前留下的一条旧船。

一、暗潮涌动——集体经济的孕育(1956—1978 年)

新中国成立至"文化大革命"结束,这一时期中国始终受制于计划经济体制,但无锡乡村却悄然涌动着一股潜在的力量,这股力量虽然一时还未找到突破的契机,但若干年后终要成为启动新中国民营经济的第一股力量。

图4-2　当年第一家乡企——春雷造船厂的车间

1956年,无锡县东亭镇的春雷农业生产合作社为解决田少人多的突出矛盾,把木匠、泥瓦匠、篾匠、铁匠、石匠等有手艺特长的农民组织起来,办起了春雷高级社木工厂,这是江南地区有据可查的第一个社队企业。此后,又陆续办起了一批社队企业,如小水泥厂、小钢铁厂、小化肥厂和小机修厂。这些"社队企业"主要从事建造房屋、兴修水利或修配农业机械等,以满足城里企业不屑或不能满足的农村生产生活需求。因此,在计划经济时代也得到了默许。

这些企业独立于国家计划体制之外,成为一股奇特的经济力量。在资产关系上,它们属于公社或生产大队集体所有,但其经营活动却由乡村的"能人"掌握,其中不乏公社或大队的领导干部。1978年年末的十一届三中全会之后,随着消费市场被激活,城里的国营企业受到体制约束难以施展手脚,而社队企业却因为有了生存空间而"意外"地由边缘渐入中心地带,很快成为活跃市场和冲击计划体制的主流力量,这就是令改革开放快速崛起的"草根秘密"。

社队企业的发展道路可谓一波三折、峰回路转,充满了崎岖离奇。1958年,人民公社一度在"左"倾思想下盲目搞所谓"大跃进",大办钢铁,小铁炉遍地开花,劳民而伤财;同时,又大搞平均主义,将高级农业合作社的财务并入公社所有,挫伤了农民的积极性。在极"左"、盲目、浮夸风和形式主义的影响下,遭受重创的社队企业只得偃旗息鼓。

在经历了 60 年代初的国民经济三年困难时期之后,国家对国民经济进行了调整,无锡社队企业也触底开始回升。社队工业再次成为农村剩余劳动力的朴素出口和农民致富愿望的实现途径,以往的实践经验和江南农民特有的灵性使他们清楚意识到,社办企业是实现致富的最行之有效的路径。于是,乡村的能工巧匠和有手艺技术的农民自发筹资,再次办起了工厂。这一时期的社队企业,以市场需求为导向,摒弃任何行政指令,开始与城市企业挂钩,进行横向经济协作,取得了明显经济收益,而那顶戴在集体头上的"红帽子"则保证了企业存在的合法性。聪明的大脑、朦胧的市场意识、灵活的经营技巧和儒家集体均衡观念,成为那个时代无锡工商文化的生动演绎。

"文化大革命"十年的暴风骤雨,全国的许多工厂都遭受武斗和动乱影响,生产停滞、生产协作链条中断,市场凋敝,而社队企业却利用"船小好调头"的优势,尝试生产市场急需的日用品,在弥补国家工业产品缺口的同时也起到了为市场拾遗补缺的作用。这一时期,由于科技人员、机关干部下放农村和知识青年上山下乡,为农村带来了技术、管理资源和人脉关系。20 世纪六七十年代,从城市下放无锡县的干部、技工和销售人员达 3 万多人,成为社队企业的技术、管理骨干。无锡前洲公社的纺织机械设备厂、堰桥公社电机厂、陆区公社建筑材料安装厂等都是通过下放干部和技术工人牵线搭桥建立而成。

在全面动乱之中,苏南无锡的社队企业犹如夹缝中开出的花朵,顶着集体企业的"红帽子",不紧不慢地发芽、生长,渐至遍地开花。到 1969 年,无锡县社队的两级工厂已经发展到了 800 多家,年产值达到 3255 万元,超过 1960 年的水平。江阴县 1969 年的乡镇企业产值已经达到 2341 万,远超 1959 年 1679 万元的水平。[①]

① 宋林飞、张步甲:《江苏改革与发展 20 年(1978—1998)》,南京大学出版社 1998 年版,第 28 页。

但社队企业并非一帆风顺，在各种非议之中，70 年代后期，社队确立了"为农业、大工业、外贸出口、人民生活服务"的主导思想，让停滞十年之久的社队企业有了新的转机。社队企业被允许为大工业和外贸出口服务，这无疑调动了乡村工业的积极性。1973 年，无锡县前洲公社农机厂利用多余的产能，为上海市起重设备厂生产电动葫芦配套专用的锥形电机，1974 年开始批量生产，当年实现利润 72 万元。以后企业不断壮大，成为了县里的明星企业。①

"文化大革命"后期，由于市场商品短缺的因素，苏南农村的社队企业在"拾遗补缺"中逐渐复苏。稳中求进并且富有浓厚市场意识和商品观念的无锡农民开始借助城市的社会人脉关系，利用农村先于城市改革的契机，利用被下放到农村的技术人员、工人因地就简地创办了一批粗放简单的乡镇企业，开始走市场经济道路，大幅度地提高了农民的生活水平。粉碎"四人帮"后，社队企业得以名正言顺的发展，到 1978 年年底，江苏社队工业总产值达到 63 亿元，从业人员 249 万。② 江苏历史上第一次出现了社队工业、副业产值的总和与农业产值相当的局面，初步改变了比较单一的农村产业结构。在这轮乡镇经济的大潮中，无锡农民无疑走在了最前列。在当时僵化的经济体制下，商品经济、市场观念属于被批判的"异物"，难有根本起色。不过，文革大潮未退，他地尚沉浸于革命狂潮之中，而无锡人却已嗅到逼近的春天气息，敏锐感觉到经济于国于民之重，实属难得。敢为人先之风若寻根溯源，则与长期积淀的工商文化传统有着深刻关联。

二、异军突起阶段（1979—1984 年）

如果说，安徽凤阳小岗村的包干制是一场悄悄进行的革命，那么，1978

---

① 宋林飞、张步甲：《江苏改革与发展 20 年（1978—1998）》，南京大学出版社 1998 年版，第 30 页。

② 宋林飞、张步甲：《江苏改革与发展 20 年（1978—1998）》，南京大学出版社 1998 年版，第 63 页。

年,在距此数百公里外的江苏无锡,乡镇企业也正在发生着一场深刻的变革。与小岗村不同的是,乡镇企业是从人民公社肌体中变异而来的一种集体经济,那顶集体经济的"红帽子",使这种实质上的民营公司在相当长时间内得到了政府的默许。80年代初,家庭联产承包制席卷苏南大地,大批农村劳动力从狭小的土地上解放出来,人们在乡镇工业的道路上找到了生机出路,乡镇工业也有了从"异类"到"异军突起"的大转机。

1979年,《中共中央关于加快农业发展若干问题的决定》明确指出"社队企业要有一个大发展",鼓励"农业要努力发展出口产品的生产",允许社队企业在国家计划指导下,以市场形式展开生产经营活动,为农民和农村经济松了绑,为社队企业发展商品生产和商品交换开拓了前景,为发展外向型经济开了绿灯。国人开始从革命的狂热中醒来,贫穷与落后有如芒刺在背,让江南人感到了疼痛,也给人们的创业以巨大动力。乡镇企业从"遮遮掩掩"一下跃到台前,十年动乱造成的市场空虚需要快速填补。被富裕梦想刺激着的农民,秉承着机智灵动的民性与"农工相辅"的历史传统,通过乡镇企业这一平台,勾连了大批技术力量和社会资源,在创业致富激情的催动之下,内外因素扭结成一股力量,推动着乡镇企业的快速崛起。

敏感而善于把握机遇的无锡人,犹如"春江水暖鸭先知"一般,在那个寒意料峭的冬季,就已然感受到了季节的变化、时代的脉动。他们以江南水乡人特有的机敏智慧,务实精神、开放和善于吸纳的传统,借助突出的地域优势,紧紧抓住改革开放和经济发展的大好时机,全力以赴发展乡村经济,加快农村产业结构调整,开始大规模向商品经济转化。

1982年2月,无锡农村全面推行家庭联产承包制,大量富余劳动力、集体积累和地产农副产品为乡镇工业的发展提供了人力、资金、原材料基础,乡镇工业与农村工副业逐渐分离,不断向着专业化、现代化工业发展,态势良好。无锡县特种风机厂,十一届三中全会之前不过是洛社镇新开河村的一家普通的村办眼镜厂,靠着5000元资金起家,规模微不足道。1980年开始,与柴油机厂实施配套生产后,企业飞速发展,短短几年便拥有各类机器设备143台、柴油机配件和风机生产线4条,固定资产原值达到25万元,职工154名,1984

年工业产值近 200 万元,市场覆盖率达到国内同类产品的 60%。

计划经济的口子终于被撕开,乡镇企业展现出异乎寻常的活力。按照市场需求进行生产和销售,在产品上进一步遵循拾遗补缺、加工配套的原则,既对指令性计划、大工业起到良好的补充作用,又符合市场对商品生产要求。在此起彼伏的经济政策变化富于智慧的江南农民用自己的创造力推开了市场这扇大门。

无锡乡镇企业遵循以销定产、适销对路、物美价廉、改善服务的生产经营方针,发挥乡镇工业"船小掉头快"的长处,适时调整、开拓产品市场。供销员跑遍全国各地,按不同地区市场需求生产商品,并且研究不同季节、不同对象和不同商品的市场寿命,据此组织生产。20 世纪 60 年代后期到 70 年代,乡镇企业除了进行农副业产品的加工之外,主要发展城乡各种建筑材料工业。到了 80 年代中期,乡镇企业审时度势,转而瞄准纺织、轻工等市场短缺产品。与此同时,产业结构和技术的改造将原来捉襟见肘的市场和资源两大触角延伸到了更广阔的国内外市场,产品销售率扶摇直上。一切围绕着市场的经营机制,促使乡镇企业不断开拓市场,最终赢得并占领了市场。

随着乡镇企业实力的壮大,这支异军突起的力量在迎接市场挑战时也遇到了机制难题。作为乡镇附属机构的社队,经营管理一直以生产队为基本单位,经济上缺乏自主权。而旧的机制惯性和外行干部多的现状,很大程度上阻碍了社队企业的发展。

1982 年,江苏开始实行家庭联产承包责任制,增产效果明显。由此,广大群众亲身感受到了"老包"的巨大威力。农业上能搞承包,乡镇企业能不能尝试? 答案是肯定的。无锡的堰桥乡敢为人先,首先推出"一包三改",在乡镇企业内部实行"干部能上能下、职工能进能出、报酬能高能低"的新体制。1984 年 5 月,堰桥又大胆探索,在乡镇企业管理上大刀阔斧地进行改革,实行经营承包责任制、企业干部聘用制、工人合同制、工资浮动制、报酬惩罚制、干部退休保养制等,较好解决了企业吃大锅饭的弊端,健全了社队企业的经营机制,调动了社队企业干部职工的积极性。

许多乡镇企业充分利用了靠近上海、苏州等大中城市的优势,充分吸收城市经济辐射,广泛开展与城市企业、大专院校、科研单位的技术对接,积极将地域优势转化为企业发展动能。1983年,仅无锡县与上海、无锡市等城市的高校和科研院所所建立的各种经济技术协作项目就达到600多个。在城乡经济互动和技术合作中,越来越多的工程师接受农民厂长的私下聘用,一到周末就坐上小汽车,卷着图纸到无锡乡镇企业帮助解决各类技术问题,从而诞生了"星期日工程师"这一称呼。更受欢迎的方式是,乡镇企业与国营企业达成联营,不仅减少资金支出,获得了技术援助,还可以使用那些培植多年的知名品牌。

斗转星移,多年的改革实践,使无锡的乡镇企业从经营活动到心态观念都趋于成熟。乡镇企业通过不断汲取优秀的经营理念和管理认知,提高生产能力和产品质量,提高管理水平,扩大市场占有,逐渐实现了从生产型企业向生产经营型企业的转型。同时,一些新观念,如效益观念、市场竞争观念、创造名牌观念、经济核算观念、人才观念等,也开始被乡镇企业接受和重视。

在社队企业蓬勃发展的关键时刻,1983年,邓小平来到江苏视察,苏州领导汇报说,苏州地区的人均工农业总产值已接近800美元,一个重要的原因,就是在农村发展集体所有制企业。邓小平听了非常高兴,对苏州农村发展社队企业的一套办法及其成绩给予了充分肯定,认为从中看到了农村的未来和希望。此后,他在总结80年代经济发展经验时,多次称赞江南乡镇企业是"异军突起",进一步肯定了乡镇企业在我国经济发展中的重要地位和作用。

1983年,无锡县工农业总产值达27.1亿元,其中工业产值20.6亿元,相比1978年分别翻了一番和一番半。江阴县工农业总产值达20.08亿元,其中,工业产值17.31亿元,为1978年的2.5倍。1984年2月7日,胡耀邦总书记视察江南乡镇工业后高兴地说:"一个无锡,一个常熟,一个江阴,叫'无长(常)江',长江都不放在眼里。一个县工农业产值就20多亿呀!"

1984年3月,中共中央、国务院转发农牧渔业部《关于开创社队企业新局面的报告》,报告高度评价了社队企业的地位和作用,不仅将社队企业改称"乡镇企业",而且赋予乡镇企业以新的性质和内容。在政策的扶持下,乡镇企业有了更大的自主权,发展速度明显加快。千百年来以农业为主的传统产业结构,开始转向以工业为主的新型产业结构,农村产业结构发生了深刻变革。乡镇企业的发展,给无锡农村经济和人民生活带来了巨大的历史性变革。

三、高水平发展阶段(1984—1991 年)

1984 年,无锡郊区黄巷乡成为江苏第一个产值超亿元的乡。当年,无锡县前洲、玉祁、东绛、杨市、江阴县周庄、华士、要塞、西郊,无锡市郊区扬名、南站等乡镇也先后成为亿元乡。1984 年,苏、锡、常地区乡镇企业产值达到 129 亿元,占全国乡镇企业产值总量的 7.54%,引起全国广泛关注。年底,《中共中央关于经济体制改革的决定》颁布,明确提出"改革的重点由农村转向城市"。这一时期,各级政府对乡镇企业采取鼓励和扶持政策,对外开放和外贸体制的改革,为乡镇企业创造了良好国际市场环境,国民经济整体趋势为乡镇企业的发展提供了更大的发展空间。

无锡在全面推行"一包三改"经验基础上,在乡镇有计划推行以经济承包责任制、厂长任期目标制、内部审计制为内容的三制配套改革。同时,乡镇企业摒弃了我国长期实行的固定级别工资制度,实行产值、产量、效益与经济报酬紧密结合的分配形式。这一收入分配改革举措极大推动了企业经营的积极性,强化了企业积累,解决了此前乡镇企业分配中企业缺乏积累的问题,保证了乡镇企业的可持续发展。

这一时期的乡镇企业呈现出几个新的特点:一是农村工业体系已经形成,并初具规模;二是企业水平整体提升,乡企陈旧技术装备得到更新改造;三是技术管理队伍茁壮成长,已拥有 60 万熟练工人,技术管理队伍和员工素质整体提高;四是实施对外开放,从来料加工转向中外企业合资、外向型发展;五是非公有制企业已初露端倪。1984 年,全省第一家乡镇"三资企业"——江阴江南塑化模具有限公司在江阴周庄诞生,标志着无锡乡镇企业利用外资"零"的突破。1986 年 10 月 25—26 日,中共中央总书记胡耀邦在无锡视察时,对乡镇企业取得的成绩给予了高度评价。

20 世纪 80 年代末至 90 年代初,外向型经济被广泛接受,无锡人性格中的开放因子也得到进一步张扬。1985 年 2 月,国务院在开放 14 个沿海城市基础上,又批准开放珠江三角洲、长江三角洲和闽南三角地带,无锡幸运地成为"长三角经济圈"的城市之一。1988 年,无锡农村个体和联户创办的企业产值已达 7 亿元,6 个乡(镇)外贸收购额已超过 1000 万元,外贸营业额超 400 万元的企业有 25 家。1990 年,无锡市作出决定,把发展外向型经济的重点放在乡镇企业,把乡镇企业发展外向型经济作为全市农村经济转入长期、稳定、协调发展的重要契机,要求积极发展外向型经济,加大引进外资、外贸出口和对外投资经营。为推进外向型经济的发展,各级政府还成立了专门机构,制订发展规划,改善投资环境,并出台相关政策,签订目标责任状,"老乡"和"老外"的联姻,成为无锡乡镇发展外向型经济新的经济增长点。

至 1990 年,无锡乡镇企业完成外贸供货额 2215 亿元,当年外贸经营额比 1985 年增长了 13.8 倍。全市 124 个乡(镇)中,123 个有产品出口创汇,出口企业达 693 家。全市农村工农业总产值 240 亿元,而乡镇工业占了 226 亿元,农民人均收入超过 1900 元,村有资产总量超 120 亿元。无锡的农民用智慧和力量,为自己创造了富裕自足的美好生活,也为全国乡镇经济的发展树立了一个标杆。

第二节　创新实践成就"苏南模式"

早在 1982 年 1 月,费孝通先生在《苏南农村社队工业问题》一文中提到"发展社队工业是繁荣农村的一条行之有效的道路,特别在苏南这样的地区更是如此……发展下去很可能会逐步形成具有中国特色的社会主义工业化的一种模式"[1]。随后,在 1983 年发表的《小城镇再探索》中,又明确将苏南地区的乡镇企业发展模式概括为"苏南地区模式"[2],后简称"苏南模式"。不难

---

① 费孝通:《苏南农村社队工业问题》,《费孝通文集》(第 8 卷),群言出版社 1999 年版,第 218 页。

② 费孝通:《小城镇再探索》,刘豪兴编《志在富民》,上海人民出版社 2004 年版,第 70 页。

理解，费孝通提出的"苏南模式"，是指苏南农民依据自身所处的历史文化和地理条件创造的一条具有特色的工业化促进市场化的社会经济发展道路。很快，"苏南模式"这一概念不胫而走，相继成为社会学、经济学等多学科研究的热点。

"苏南模式"是对苏南乡企经验的概括和总结。理论界将"苏南模式"概括成为"三为主，一共同"，即，农业的产业结构以工业为主，工业的所有制结构以集体经济为主，经济运行的机制以市场调节为主，走共同富裕的道路。在当时，走共同富裕的道路，主要是指利用乡镇企业创造的利润，在本乡镇村的范围内进行再分配。每年乡镇企业通过将纯利上缴乡村合作经济组织、增提计税工资、上缴管理费等形式，向乡村集体上缴利润，保证了集体用于社会分配、农副生产补贴、村镇建设、教育事业、集体福利、建农基金等多方面的需求。乡企内部，则严格实行按劳分配，多劳多得，共同富裕而非"吃大锅饭"。不久，"苏南模式"又增加了"两个协调"与"一共同"内涵，即地区性经济与社会的协调发展，物质文明与精神文明的协调发展集体和个人的共同富裕。

"苏南模式"作为一种经济模式，就这样从乡间僻壤燃起星星之火，从"犹抱琵琶半遮面"的半遮半掩、"摸着石头过河"的跌跌撞撞，到正大光明、大张旗鼓，成为了燎原之火，再到成为改革的标杆。一路走来，无锡人水一般灵动机智和敏察善纳的文化个性起着重要的作用。在改革浪潮、时代变幻中，他们践履笃行，实事求是，与时俱进，凭借着随势应变的群体禀赋和善于把握机遇的精明，敏锐感知时代，快速抓住机遇，大胆开拓，坚韧进取，这正是民族工商业从这里起步，"苏南模式"诞生于此的原因。

一、上承传统　长袖善舞

相比人民公社时期的社队经济，"苏南模式"从集体的肌理中生发而出，这与当时禁锢、保守的社会氛围息息相关，另一方面，也与无锡人通达圆润、审时度势的气质品格难以分离。

苏南地区最初兴办的乡镇企业大多以集体企业为主，温州地区的企业在初创阶段即以家庭作为基点,这种看似截然不同、实则有着极高相似度的两种模式,在萌生阶段都受到了来自计划经济的排异。刚刚走出"文化大革命"的阴影,人们的思想观念难免仍受"左"的困扰,因此一开始,两种经济发展模式的际遇也有了极大的反差。

"温州模式"从一开始就被视为资本主义自发势力而饱受打击,虽然在其内部有着极其旺盛的活力,但在萌生初期就遭遇严峻封闭的计划经济的围剿,境遇极为不利。而无锡的乡镇企业却审时度势另辟蹊径,在全国上下都在"割资本主义尾巴"时,免去了"以卵击石"的悲剧。它们从一开始就打着集体经济的招牌,戴上了合理合法的"红帽子",有勇有谋地躲过了政治的风风雨雨,得到了有关方面的认可和支持,并得以在逆境中迅速壮大自身的实力,充分显示出锡商文化灵活机智、务实而具韧性的特点。在计划经济一统天下,极"左"思想盛行的年代,顶着集体经济的"红帽子",得以安然地规避了姓"社"还是姓"资"的防火线。

在计划经济的缝隙中,在社会主义市场经济体制并不健全的情况下,由政府和企业联手组成的这种新式经济模式,既囊括了集权所带来的效益,又树起了市场化的风帆,在用人、分配激励、市场销售、经营管理方面的机制比国营企业要灵活很多,能更好地利用市场配置资源,调动并发挥积极性,在这个特殊历史阶段适应了生产力发展需要,具有较高的经济效率和经济合理性。这也使苏南乡村成为当时中国农村经济最活跃、增长最快的先行地区。苏南集体经济在80年代至90年代中期得到空前发展。这一时期,苏南乡镇集体经济与当地国有经济、外资经济形成三分天下的格局。[①] 可以说,这不仅是无锡的奇迹、苏南的奇迹,也是一种无比务实的经验主义价值观的胜利。

无锡传统工商文化,讲求精致机巧,温柔敦厚,强调诚信、公平互利。20世纪80年代,邓小平曾提出"让一部分人先富起来",发财致富日渐成为全民的追求和期盼。在明确的利益驱动下,一些社队领导仍保持了造福一方、集

---

① 宋林飞、张步甲:《江苏改革与发展20年(1978—1998)》,南京大学出版社1998年版,第57页。

体共富的观念。早期乡镇企业家都是农村基层干部,群众公认的"能人"。他们带领农民找出路、谋生存,解决温饱,提高生活水平。在其后的发展中,既有企业家和职工合理的个人利益的合理考量,也有企业家对集体长远利益的追求。在这种合力下,许多一家一户单打独斗解决不了的难题,便依靠"合作出能力"、"合作出智慧"来加以解决。

在共同致富的理想观照下,华西村走出了一条坚韧而辉煌的发展道路。在老书记吴仁宝带领下,华西很快实现了"没有暴发户,没有贫困户,家家都是万元户"的目标,并于"八五"期末,完成了"三个 80％"计划——80％的农民住上别墅,80％的家庭拥有私家轿车,80％的农民财产百万元,成为一个令世界瞩目的"共同富裕典型"。在江南,在无锡,无数乡镇企业家将自己的企业办成了"亿元厂",让自己的村庄变成了"亿元村"。

吴仁宝是典型的富于智慧和魅力的江南能人。就个人能力而言,坐贾行商,利用优势挣钱并非难事,但他却秉承共产党人的理想和淳朴的"共富"观念,带领全体村民一路奔小康。他是一个地道的江南农民,因而也最懂得农民想要什么,他让农民真切体会到了集体富裕的美好,他为村民带来的美好生活比任何教条与宣传都更有力地证明了制度的优越性。

图 4-3　20 世纪 70 年代末的华西村

图4-4 今日华西村一隅

图4-5 华西村美轮美奂的夜景

图 4-6 华西村的农民别墅

　　无锡乡镇企业在改革初期，就以计划外的"异军"身份公然"突起"，这固然是当时社会内外因交汇的结果，但内在因素是根本和关键——无锡农民迫于农村人多地少的巨大压力和大量农业富余劳动力急于从非农化转移中找到出路的强烈动机，这块压在大家心上的巨石成为了日后无锡农民冲破传统体制、办工业的助推石。中国农民从来不缺乏智慧、魄力和实干，乡镇企业的兴起，是继"大包干"后中国农民首创精神再次焕发出的夺目光彩，也是农民对延续数千年"以地谋生"方式的突围之始。

　　如果要形容乡镇企业的起家，用"巧妇强为无米之炊"和"创世纪"是最为贴切的。初创阶段，没有原材料，没有技术，没有熟练工，没有销售渠道，一无所有的农民想要占有市场，占有一席之地，唯一可倚重的是，他们比城里人更爱自家的企业。虽然是乡村泥腿子，但他们却不乏精明，他们低价买下国营工厂的闲置机器设备，将它们搬进粗糙简陋的厂房（旧房、破庙、祠堂、仓库等），机器夜以继日地隆隆作响，他们披星戴月从事艰苦的手工劳动或笨重的体力劳动。当时，不少企业连用电都无法保障，职工就睡在机器旁，何时来电何时干活。初创时的艰苦情形,许多企业大致一样。

创业初期,企业员工实行的是"在厂记工,回队分配"制度,收入微薄,工分补贴微不足道。尽管如此,农民们如同犁田的耕牛,勤勉肯干,边干边学,逐步掌握技术要领而成为"务工的农民"。产品销售是乡企需要面对的难题,这方面,无锡县的"四千四万"精神人尽皆知——"走遍千山万水,吃尽千辛万苦,想尽千方万计,说尽千言万语",靠着这种精神,无锡农民硬是打拼出了一片天地。企业干部既是领导,又是供销,还要亲自顶班干活,以一当十,无所不能。在"资金自筹、劳力自招、原料自找、产品自销、决策自主、风险自担"的背水一战之后,在企业站稳了脚跟、有所盈余之后,他们又通过"滚雪球"的办法,弃旧更新,扩大再生产,以"母鸡下蛋孵小鸡"之法,小厂变大厂,老厂办新厂,大厂带小厂,一厂变多厂。随着市场经济之路大打通和装备技术的现代化,无锡的农民们用自己的智慧破解了一道又一道难题,用技术升级解决了资源粗放消耗过大问题,进行产权制度改革以增强竞争力,95%的乡镇企业实行了各种形式的产权制度改革,在一次次攻坚克难中,乡镇企业涌现出了一批"新能人",如吴仁宝、蒋锡培、周耀庭……这些典型的苏南农民企业家也完成了自身的华丽转型,不仅开创了企业,扩大了生产,占领了市场,也将自己打磨成了真正的新时代的企业家。

20世纪80年代无锡乡镇企业的异军突起,是中国社会经济发展史上的奇迹,在某种意义上,也是吴地水文化和无锡文化性格的又一次张扬。70年代末,刚刚摆脱"文化大革命"阴影的中国乡村出现了历史性的改革浪潮,被富裕梦想激励着的中国农民,在经历了几十年的困苦贫穷之后,开始了大胆的经济发展探索实践。联产承包责任制很快替代了人民公社制度,当其他地区的农民还沉浸在结束"一大二公"、分田划土的忙碌与喜悦之中时,无锡农村的乡镇工业早已轰轰烈烈拉开了战场。大大小小的乡镇企业,如雨后春笋般出现在绿色的田野上,带着满脸阳光和满身泥土的无锡农民们,开始忙忙碌碌地进出于上海、北京等大都市,他们带回大大小小的项目、技术、订单和贷款,先是生产一批批为城市工业拾遗补缺的产品,然后是制造一批批与城市工业竞争的产品,他们如水似潮般地挺进了生产资料领域、生活消费资料等领域，换回大捆大捆的钞票，建起更多更大的厂房。

当其他地方的农民刚刚解决温饱问题开始思考如何致富时，精明能干的无锡人已轰轰烈烈地打开了一片天地，乡镇经济很快成为与城市工业平分秋色的经济力量。深谙水性的无锡人，从历史潮流的回旋腾挪之中，敏锐窥见了社会未来趋向，毫不犹豫抓住契机，在计划经济铁桶般的防线中挤出了一条又一条生路，以水一般的姿态，先是涓涓而进，徐徐而行，而后汹涌澎湃，浩浩荡荡形成扶摇翻腾之势，终于创造出改革开放史上的一大奇迹。

二、审时度势　随机应变

观念的突破和制度的变革一直就是改革最大的动力，而财富总是流向那些率先摆脱计划经济束缚、观念开放的区域。改革开放之后，中国开始了从观念驱动向利益驱动的转变。"苏南模式"便是在充满着动荡和求变的氛围之中，不断地突出重围，寻求自我发展的创造性实践运用市场机制，顺应市场化改革，正是这些造就了新时期的苏南模式和无锡的乡镇企业家的精神。

苏南的乡镇企业所采用的是"大集体"模式，村、乡、镇各级政府实际上的企业主管。比起计划经济时代的"大全民"，这种体制虽然有其灵活的一面，但与其相伴相生的传统体制中政企不分和产权不清的两大弊端，从开始就不同程度地限制着经济的发展。

当计划经济外的市场空间发生巨大的变化时，乡镇企业这种"政企不分"的缺陷就暴露无遗。由此形成"乡乡冒烟"、"村村点火"以及"小、散、乱"的工业布局，企业组织结构的弊端也日益凸显，企业内部活力日渐式微，低水平的重复建设和竞争造成了巨大的资源浪费，资不抵债以至于"穷庙富方丈"等现象愈演愈烈。早在80年代初，无锡堰桥镇就大胆地推行了"一包三改"（实行承包经营责任制，改干部委任制为聘任制、改职工录用制为合同制、改固定工资制为滚动工资制）和厂长承包责任制、企业内部审计制等多项新制，但都只是在不触及产权制度范围内的改革，不能从根本上解决矛盾。这是"苏南模式"的第一次转型。

　　1992年，邓小平南方谈话终于终结了意识形态的持久争论，此时的中国已不再热衷于理论层面问题的讨论，在公开的舆论中，姓"资"姓"社"之类的争论日渐平息。邓小平那场南方谈话旋风，不但在政治上形成了空前震动，在经济上也造成了强烈的影响。不少谙熟中国国情的人从中嗅到了巨大的商机，很显然，一个超速发展的机遇已经出现。国营企业集团的改革出路何在，那些已经被压抑和消灭了多年的民间商业细胞将如何复活？更重要的是，政府的边界在哪里，理性的局限将如何克服？带着这些问题，无锡的乡镇企业随着南方谈话的风暴开始了新的一轮巨变。

　　90年代中期，人们终于挥手告别了"只要质量过得去、包装稍有特色、营销手段稍具创新，便可以迅速得到市场的青睐"的商品短缺时代，浦东新区的开发将整个长三角地区的城市推向了国际舞台。也就在此时，人们却突然发现"苏南模式"已难以推动经济继续向前，经济增长速度明显减缓，经济效益卅始下降，企业亏损面逐步扩大，资产负债率居高不下。市镇乡各级政府不仅直接插手乡镇企业，而且凭借新设立的农工商公司牢牢掌控企业大权，从企业负责人的任免、资金来源，到上什么项目、生产什么、利润分配、财产处置，全都由上面说了算。农工商公司负责人的任免，则由市委组织部作出决定，在卖方市场条件下乡镇企业"船小好调头"的优势，变成了买方市场条件下"船小经不起风浪"的劣势，昔日的"大集体"越来越显示出"小全民"之态。

　　"苏南模式"的致命弱点在新形势下进一步显露，促使素有改革求变创新传统的无锡人重新思考新的发展路径。在思想解放大潮的激励下，无锡乡镇企业终于突破"集体为主"的所有制束缚，开始了产权制度的大面积改革。

　　1992年7月，无锡县东绛采油设备厂正式改制，由乡村集体、社会法人以及个人共同组成了股份制合作企业的股权——这是无锡市发行规范性股权证的第一家试点企业，也是全省乡镇企业中股份合作制的领跑者。自此之后，在"抓大放小"新思路的影响下，一场产权改革的大戏拉开了大幕：大中型企业大多转制为股份合作制或有限责任公司；中小企业除转制为股份合作制、有限责任公司外，多数通过拍卖或转让，改制为私营企业。大型骨干企业通过改制进军证券市场，抢占资本市场"头班车"，由生产经营型跃入资本经营型。2000 年,全国证券界冒出了一个耀眼的"江阴板块",在这 8 家公司中,阳光集团、海澜集团、双良集团、三房巷集团、澄星集团等企业就是在乡镇企业基础上改制成功的大型企业。上市之后,这些企业很快筹集了 20 亿资金,用于技术改造和产品创新,实施产业升级换代,积极发展高新技术,很快在新的平台上创出了一番令人瞩目的业绩。

原无锡市经济体制改革委员会副主任浦文昌这样概括:"这是一次下面推着上面走的改革,因为基层政府最先感受到了不得不改制的压力。"①数年后,乡镇企业的股份制改革在宜兴也洋洋洒洒开展起来,在"抓大放小"的大趋势下,乡镇企业改制的星星之火渐成燎原之势。在这一轮大张旗鼓的企业改制中,无锡人以一种敢为人先、勇于开拓、直面现实的态度,果断抛弃沉重的传统包袱和观念桎梏,选择了改革,也顶住了行政干涉的达摩克利斯之剑。

江阴的红豆集团,是国务院 120 家深化改革试点企业之一,也是江苏省唯一一家由国家工商总局认定的商标战略示范企业。企业草创于 1957 年,在计划经济时代艰难生存,绵延至 1983 年,在乡镇企业发展热潮中红豆内衣厂终于走出困境,有了新的转机。而后经过产业多元化发展,漂亮地实现转型升级,完成了由生产经营型向创造运营型的转变,由资产经营型向产融结合型转变,由国内企业向跨国企业转变,产品也从最初的针织内衣,发展到服装、橡胶轮胎、生物制药、房地产四大领域,拥有 12 家子公司,并在柬埔寨建立了 11.13 平方公里的红豆工业园,经济总量居国内民营企业 500 强第 45位,2001 年 1 月,"红豆股份"顺利上市,企业迈入资本经营。从乡镇企业一路走来,红豆的道路正是无锡乡镇企业辉煌之路的缩影。

回眸无锡乡镇企业走过的道路,1995 年至 1997 年是无锡改制企业数量突飞猛进的阶段。如同春天大地蛰伏后的苏醒,被压抑多年的能量终于释放出来了。原来乡办乡有、村办村有的"社区经济"随同突破,农村工业结束了"小、散、乱、弱"的布局和结构状态,向城镇、园区集聚,使城乡工业从分块发展走向联动发展。

---

① 史易、赵小剑、常征:《苏南模式》,《财经》2001 年 5 月号。

世纪之交，这场改制渐入尾声。作为新体制的必要铺垫和过渡阶段，"苏南模式"为江南经济发展做出了历史性的贡献。宜兴远东集团，1992年创业前期时主动戴上集体经济的"红帽子"，2000年年底，伴随着93.2％的企业完成改制，也主动摘下"集体经济"的帽子，转型为产权明晰的民营企业。由此，苏南乡镇经济沿着创新的轨道，以新的苏南模式继续前行。

第三节　从外向型经济到转型发展的跨跃

无锡经济历经百年发展沿革，20世纪二三十年代民族工商业的繁荣和改革开放后日新月异的乡镇经济发展，都为这座江南工商名城添上了浓墨重彩的一笔。仔细梳理考察这两轮城市经济的崛起及其经济模式的特点，就会发现一个共同之处，那就是自身力量所形成的内向型经济。究其背后的原因，这两次经济崛起的支撑力量，前者是民族工商业，后者是计划经济之下的集体企业；两次经济崛起的时间，前者崛起于一战期间欧美资本在华进入短暂休克期，后者则挣扎于改革开放前夕计划控制的缝隙之间，这两次崛起所倚靠的独特条件和时代背景都决定了当时的无锡工商企业在剑舞刀光的国际市场上尚无力实战，大多时候只能望而却步。虽然，无锡薛氏的"金双鹿"牌生丝一度行销欧美市场，但若要迎风顺水、长袖善舞还远未实现。

改革开放之后，中国逐渐打开了融入国际经济的大门，在众人欢呼雀跃之时，内向型经济却撞见了来自自由市场的另一种残酷现实。爆炸的信息与商品的浪潮冲击着地球的各个角落，毫无顾忌地颠覆着企业发展和财富积累的固有模式。资源的匮乏、土地的紧张、劳动力的价格、产业结构的失衡让这种"自身内向型"的经济模式失去了原有的优势。各种频繁的交往消融着国界的阻隔，以民族经济为单元的完整体系正在瓦解，一个以国际化、全球化趋势为主导的新时代即将开始。而无锡工商经济的命运就在这些概念与框架的转换中，慢慢地脱胎换骨，与国际游戏规则的语言日益投机，并逐渐接轨上路。

一、外向型经济的起步

今天的无锡，开放发达，每天要迎接 130 多列高铁和近百架次飞机起落，与外界联系十分频繁，外向型经济已成规模。改革开放以来，已有 1.3 万家外资企业在此落户，累计利用外资达 435 亿美元。

无锡的第一个外资项目诞生于 1978 年，无锡无线电五厂与香港华电有限公司签订了一份关于电子钟收音机的来料组装合同，一份不大的加工外单为无锡日后在外资、外贸出口和对外经济合作方面拉开了序幕。

1985 年是无锡对外开放的重要历史里程碑。在当年制定的《无锡市经济社会发展战略》中，无锡第一次提出了适应经济发展战略转变的要求，即根据原料和销售在国外、加工在国内的情况，走发展外向型经济的道路，加速无锡经济的转型升级，实现经济的"蛙跃"式发展，在区域经济的竞争中赢得主动。

在改革开放初期，因为设备的陈旧、技术的落后和产品的老化，使得无锡的纺织业——工业史上最骄人的篇章——成长乏力，逐渐黯淡下来。为了摆脱困境，行业主管部门和企业不约而同地选择了吸引外资、合资合作经营的道路。日本东亚纺织株式会社、香港黄浦江纺织以及日本日绵东韩株式会社的适时加盟，不仅为这个老牌轻工业带来了新技术、新工艺和新的国际市场，更重要的是，传递了一种制度层面新的价值观念。国外先进的生产管理、质量管理、销售及售后服务管理、人才管理、财务管理等一系列管理经验，使企业原有的管理水平和劳动生产率大幅度提高，增强了企业竞争能力。

外资成为了转换企业机制的最佳外来力，敢于冒风险的勇气和无所顾忌的创造力在这时候更加需要清晰而富有战略性的制度和管理来约束。与此同时，在外资的推波助澜下，一大批新型的管理人浮出了水面。中方管理人员和技术人员通过出国培训、国内传授、咨询等方式，身体力行地学习国外企业的先进管理方法，参与管理与经营，成为新型的企业管理专家。这些人员的流动使国际管理经验在原有的企业内迅速传播，促进了全社会整体素质的提高。

外资的进入开始改变着无锡的产业格局和经济形态,缓解了当时企业建设和生产的资金短缺,也带动着国内的配套资金一同运转起来,活跃了整个国民经济链条,也成为经济增长的一个诱因。特别是外资投向交通、通信、能源等制约国民经济发展的"瓶颈"部门和原有企业的技术改造,扩大了这些产业的生产能力,增强了经济增长的后劲。

尽管 20 世纪 80 年代无锡的开放型经济还处在起步和探索阶段,但它在推动企业技术进步、促进产品出口、提高企业管理水平等方面所显示出的强大生命力和示范效应已经难以估量。从 1978 年到"七五"期末的 1990 年,无锡的外贸收购额由 3 亿元发展到 43.25 亿元;出口国别、地区从 1987 年的 10 个发展到 1990 年的 45 个;出口商品品种由 1987 年的 17 个发展到 1990 年的 198 个。利用外资实现了从无到有的历史性跨越。"七五"期间,无锡累计批准利用外资 212 个,协议外资金额 3.55 亿美元,实际利用外资 1.24 亿美元。值得一提的是,当时,无锡已经开始了早期境外投资,在引进来的同时,大胆地走了出去。无锡企业境外投资起步较早,1986 年,原无锡市饮食服务公司在荷兰阿姆斯特丹与外商合资兴办"太湖酒楼",成为无锡第一个"走出去"项目,开创了无锡市企业赴境外投资的先河。

二、趁势而起 迅猛发展

90 年代到来时,经过了乡镇企业如林的 80 年代、保持着强劲经济发展势头的无锡早已具备了参与国际要素重新分配和分工的资格与禀赋。这个处在东南沿海、环太平洋地区的太湖明珠,东接"长三角"的"龙头"上海,享受着独特的地利之便,它所需要的只是一个契机。这个契机就是浦东开发无锡赢得了令人称羡的先手之利,抓住机遇,接轨浦东,成为了外向型经济的受益者,实现了经济上的第三次崛起。

1992 年邓小平南方谈话之后,中国的经济迎来了一个空前的春天。此时,在国际上,全球的制造业开始瞄准中国,这里拥有令人着迷的劳动力数量和难以估计的潜在市场。借此机会,无锡的外向型经济开始扮演主力角色,不可遏制地成长起来。

无锡紧紧拽"开放"的马缰，拉动无锡经济的国际化和现代化，用外向型经济的市场晴雨表引导城乡企业的转型。通过加速发展外向型经济，嫁接改造国有企业，带动城乡企业生产技术和管理水平的提高，带动企业经营机制的转换，带动劳动者素质、基础设施和城乡建设水平的提高，带动全市经济整体素质的提高和速度、效益、后劲的同步增长。

与此同时，正处于工业化、现代化与国际化过程中的无锡已经认识到，自主外向型经济不仅仅是签了多少外贸合同，办了多少家"三资"企业，真正意义上的自主外向型经济，必须全面、全方位地与国际市场接轨，按国际惯例办事，主动地走出国门，参与国际竞争，按照国际化要求进行生产要素的优化组合。创建高新技术开发区便成为这一时期无锡实施对外开放战略的最佳选择。

20世纪90年代，无锡拿出5.45平方公里的区域面积作为发展外向型经济的基础投入，短短数年，无锡国家高新技术产业开发区、宜兴环保科技工业园、无锡太湖国家旅游度假区、无锡国家工业设计园区、山水城科教园区等开发区先后建立，这些规划产业园区为无锡宏观经济的腾飞勾画出了一条漂亮的曲线。政府向区域内企业推出各种优惠政策，跨国资本受到了前所未有的青睐，在税收、用工、土地政策上享受种种优惠，在行业准入上享受优先，很快成为无锡经济再次腾飞的重要力量，外资企业成了一种特殊的"无锡企业"。十余年间，世界500强企业有近百家落户无锡各园区，其中93家企业在锡投资项目达到170多个。2013年无锡进出口总额达103亿美元。在国务院批准建立的国家高新技术产业开发区，随处可见迎风飘扬的美、日、韩以及其他国家的旗帜，颇为壮观。"希捷"硬磁盘驱动器、"夏普"液晶显示器、"阿尔卑斯"信息记录产品、"通用"智能化仪器，大批的电子信息企业的入驻为新区制造业和创新产业注入了强心剂。而低廉的劳动力成本，飞快的发展速度以及高层次、高集约度的新区经济板块，让无锡成为长三角最耀眼的电子信息、精密机械产业集群，备受瞩目。

图 4-7 无锡国家工业设计园和国家软件园

图 4-8 无锡国家工业设计园和国家软件园

1993年奠基的无锡新加坡工业园,仿佛"魔法"一般,把根植于两种不同国情、背景、文化的经济发展和社会管理模式,巧妙地糅合在一起,借鉴创新、圆融共赢,把一切可能的对立冲突转变为相得益彰的和谐共进。从点到线,再到面的高科技工业园的建立,完成了"筑巢引凤"到"鸟蛋孵化"的转变,一方小小的工业园区成为了产业孵化的摇篮。

与此相伴而生的是工业园区投资效益的大幅提高,单位面积产出效能的迅速攀升。过去以中小企业为主、港澳台合资、劳动密集型为主的项目,华丽转向以国有大中型企业、国际大公司大财团投资的项目,呈现出高新项目增多、超千万美元大项目增多、现有三资企业增多的良好态势。形成了以国家级开发区、省级开发区、重点开放园区共同支撑,节节开花的集聚发展格局。

作为一座有着重工崇商开放务实传统的现代都市,无锡在新的历史机遇到来时,敞开胸怀热情迎接了来自世界各地的投资者。至 2013 年年底,已有1.3万家外资企业在锡落户,累计利用外资 435 亿美元,93 家世界"财富榜"500 强企业在锡投资项目达到 170 多个,2013 年进出口总额达到 703 亿美元。一大批世界著名大公司如美国希捷、日本松下、德国英飞凌、意大利 MTS 等纷纷在园区落户发展,无锡新加坡工业园一跃成为国际一流的科技园区运营商,每平方公里产出率为国内第一,连续三年被英国《企业测评》杂志评为亚太地区 25 个著名高科技园区综合投资环境第一名。依靠"园区"硬件和政府服务等软件优势,无锡快速切入了全球制造业产业链的加工、组装环节,紧紧依靠全球无限大的市场资源和资金资源,建立起全球范围内屈指可数的制造业基地,成为全国外资高地和国际化的先行区。

在积极招商引资、吸纳外资企业入驻的同时,无锡加快了"走出去"的步伐。2005 年无锡政府就出台相关政策,鼓励企业"走出去",实施境外发展。境外投资的主导产业为纺织服装、机电设备制造、轻工家电、化工建材、资源开发、商业旅游和服务外包等,投资国家区域为泰国、印度尼西亚、马来西亚、越南、老挝等东盟国家,俄罗斯、匈牙利、波兰等中东欧国家,埃及、南非、阿联酋等非洲、中东国家,以及 2004 年以来与我国建立商业自由贸易区的国家和港澳地区。在政府激励下,境外投资爆发出空前的活力。无锡光明集团先后在境外创办三家加工企业,新世纪公司在菲律宾组建摩托车组装厂后,在东道国设了36 个专卖店,出口总量由设厂前的每月 300 多辆猛增到每月 1500 多辆。

由无锡红豆集团领衔创建的"柬埔寨太湖国际经济合作区"(西特港区)

在商务部首批招标中一举中标,成为全省唯一、全国首批8个境外工业园项目之一,目前园区内已入驻企业13家,吸纳3000多名柬埔寨员工入区工作,年生产销售能力达2.5亿美元。在2010年江苏企业"走出去"的铿锵脚步中,无锡囊括了"投资香港最大文化艺术业项目"、"投资东盟最大制造业项目"、"投资美国最大服务业项目"、"首个批准的以境外利润在外直接再投资项"等四项"省内第一"。2010年无锡新批境外投资项目58个,中方协议境外投资总额高达3.2亿美元。截至2013年,无锡全市累计批准境外投资企业(机构)近500家,对外工程承包企业23家,对外劳务合作企业9家,驻外工作人员超过2000人,"走出去"工程成效斐然。

三、转型升级　跨跃发展

2001年11月10日,在卡塔尔多哈举行的世界贸易组织(WTO)第四届部长级会议上,中国人又一次沸腾了。中国终于成为世界贸易组织成员,对外开放事业进入一个新的阶段,无锡开放型经济也随之进入新的阶段。

在新的竞争环境下,之前关于"中国制造"内外俱旺、繁荣无比的景象开始有所消退。无锡人认识到如果无锡只是别人的加工基地,而没有属于自己的产业,那么一旦外资撤离,经济的支柱就会立刻崩塌。只有在经济国际化的战略基础上,大力夯实自身经济基础,立足于在更大范围、更广领域、更高层次参与国际经济合作与竞争,才能形成经济发展新优势。

此时,全球化的"制造红利"、"资源红利"、"环境红利"已经失去了光彩逼人的先发效应,那段关于"中国制造"最美好的时光也已逝去。无锡人不断转化策略和眼光,开始了新一轮的转轨变型和预想。从2005年《十一五规划建议》中提出建设"创新型城市"开始,无锡就不断超越自我,在目标方向上进行更深入的探索和定位;到2006年年初,无锡制定了《提高自主创新能力建设创新型城市的决定》,确立了走创新驱动型发展道路,率先进入国家创新型城市行列;2007年,大力开展提高人口、企业素质行动,进一步确立"科技兴市、人才强市、质量与知识产权立市"主战略,推动由重点发展向优化发展跨越;

2008 年又出台《学习追赶世界先进城市的意见》，要求以芝加哥、里昂、鲁尔、台北、新加坡等世界先进城市为标杆，明确学习追赶的近期目标和远期目标；在 2009 年，又正式确定把无锡建成科技创业家摇篮城市和服务外包产业高地；以温家宝三次视察无锡为动力，提出了打造"生态城、旅游与现代服务城、高科技产业城、宜居城"的目标，一路行来，每一步都使无锡转型发展的定位更加明确。

与前两次发展乡镇企业、发展外向型经济的转型不同，这是在科学发展观的背景下进行的由重点发展到优化发展的战略转型，是一次范围更为全面、力度更大、起点更高的转型。这次转型主要是指三大转型：一是从 GDP 向 GNP 转型。更加注重长远效益，更加注重增加居民的经营性收入和支配性收入，更加注重 GNP 的有效增长，更加注重本土企业的发展壮大。二是从工业经济向服务经济转型。在促进制造业优化升级的同时，加快发展现代服务业，加快形成三二一的产业结构。抓住发展服务经济的良好机遇，大力承接国际服务业，特别是承接国际服务外包转移。三是由重视经济增长向重视社会发展转型。在实现全面小康后，人民群众的需求结构出现了新的转折，关心的问题由增加收入拓展到追求生活质量和幸福感。转型就是主动适应这种转变，把发展的理念从以物为本转向以人为本，把注意力从单纯追求经济增长，转向恢复自然生态环境，推动社会全面进步，实现人的全面发展上来。①

流淌千年的运河水培养了无锡人的通达、开放，而今天的无锡人又在开凿一条信息和产业化的新"运河"，来疏通分享全球化科技红利、文化红利、服务红利、数字红利、创意红利和生态红利之渠。敏察善纳的无锡人意识到，服务业是比制造业具有更大更强融合力的产业，创造的价值更大，于是一场进军服务外包行业的高歌奏响了。2007 年 9 月 30 日，无锡太湖保护区从国家商务部、信息产业部、科学技术部、教育部接过了"中国服务外包示范区"金字招牌，无锡从此迈入商务部"千百十"工程"第一方队"行列。

---

① 郁有满：《试述无锡转型发展之路》，http://szw.chinawuxi.gov.cn/szzz/6341942.shtml。

政府的推动犹如阳光雨露的滋润,无锡的服务外包产业近年呈爆发式增长态势,仅 2007 年,服务外包企业数量就比上年新增 4 倍多,载体面积扩大 5 倍,业务总额和从业人员数上升 6 倍。各种关于服务外包的鼓励优惠政策毫无悬念纷至沓来,一个先进的产业理所应当诞生在一个先进的机制中。无锡把发展服务外包作为发展现代服务业的重要突破,在凸显原有优势的同时,也不断创造着新的优势,为服务外包发包者提供急需配套服务,完善各种生产要素。凭借着"日资、韩资高地"的制造业优势,又利用现有地缘、人脉、文化等天时地利人和因素,轻而易举就做大了服务外包业。

当然,制度的力量还不仅限于此。早在 2006 年,无锡就启动了抓新兴产业、促产业转型的计划,让政策能紧紧围绕推进服务外包、科技研发、创意动漫、现代物流、金融服务和现代商贸等六大现代高端服务业;对于低端的产业,"有形的手"不留情面地关闭了小化工、小钢铁、小印染、小水泥、小电镀等"五小"企业;对高消耗、高危险、高污染、低效益、低产出的"三高两低"企业进行了整治,对整治不达标企业实行超标准用能,差别电价、水价制度,通过价格杠杆引导整治。这一次"洗礼"充分展示了"无形的手"的力量。

"大部分服务外包示范城市,在优惠条件上不如无锡。"一位软件外包企业的高管如是评价。[①] 因为投资环境的优越,许多高端团队集体落户无锡,无锡的"总部经济"举措卓有成效。2008 年,文思海辉、软通动力这两家在中国服务外包领域排名一、二的企业迁入无锡,海辉团队在锡员工就有近 4000 多人,软通动力直接将中国区总部放在无锡,在无锡的注册员工有 4000 多人。良好的服务外包政策扶持坚定了软件服务外包公司逃离北上广的决心,同时也为无锡带来了服务外包年增长 40% 的惊人速度。2011 年,央视网络中心、国内 3D 技术领先的灵动力量也先后落地无锡。2013 年,无锡主办了第六届全球外包服务大会,服务外包业名扬海内外,成为无锡城市产业的又一张新名片。虽然已经跻身服务外包示范城市第一方阵,但面对国内外激烈的产业

---

① 汤浔芳:《软件外包逃离京沪无锡年增长 40% 之谜》,《21 世纪经济报道》2013 年 6 月 22 日。

竞争，以敢想敢干、务实进取"起家"的无锡，并没有停止奋进的脚步，这次大会就是无锡服务外包再发力的一个璀璨信号。服务外包也成了无锡产业的一张新的名片。作为国家软件设计基地之一，180多家微电子企业聚集无锡，形成了芯片、软件设计的高地。

作为一座经济高度外向的城市，无锡经济的发展已与世界经济发展实现了紧密对接。在国际国内市场全面融合、经济实力此消彼长的新形势下，无锡不再停留在以资源和劳动力换取有限利润的被动状态，而是努力实现由内聚到外拓、由被动接受国际分工到主动参与国际分工的转变，顺应经济全球化新趋势，成功地实现经济产业的完美转型。

四、"四尊四创"与转型发展

一个城市，如果没有精神的内在支撑，就如荒漠一样缺乏生命力。蓬勃的乡镇企业和集体经济，曾经是无锡的一道亮丽的风景线，而其后的"四千四万"精神支撑起了无锡的"经济半边天"。在产业结构调整、经济转型的今天，无锡不仅很好传承了各个历史时期凝练而成的勇于探索、敢于拼搏、善于创造的"精"、"气"、"神"，还不断吸纳新的优秀时代元素，形成了新时期的创业创新精神，这就是"四尊四创"。

正是因为有了这种精神的支撑，无锡才能先人一步，勇抓机遇，乘胜前行，在强手如林的市场竞争中获胜。如果说，"四千四万"精神还只是改革开放初期无锡人艰苦创业、坚忍不拔的精神写照，那么新世纪初推出的"尊重劳动、尊重知识、尊重人才、尊重创造"和"创业、创新、创优、创造"的"四尊四创"的精神内涵则更为丰富，不仅突出了"以人为本"理念，更彰显出与时俱进的时代特征，从中也可窥见一向重工崇商、务实进取的无锡人创业理念在新时代的提升。

从"四千四万"精神到"四尊四创"风尚，尽管时空发生了巨大变化，发展模式也已然改变，但发展实践所蕴含、依靠的本质却一以贯之，艰苦创业、坚韧进取的精神并未改变。新世纪以来，无锡面临着严峻的挑战和诸多制约，土地资源、环境容量、人口数量和产业结构等成为发展瓶颈，依靠高投入、高消耗、高排放的传统路子已走到尽头，必须尽快实现"从投资驱动向创新驱动的转变"、"从生产制造向设计创造转变"、"从资源依赖向科技依托的转变"。基于这一认识，无锡近年来积极实施产业转型，侧重发展物联网高科技产业和文化创意产业，注重在科技创新、服务外包领域的关键性突破。今天，进行科技创新、科技开发，不仅需要资金、技术、人才、勇气和韧劲，还要有无锡长期以来积淀的工商文化精神，只有这样才会战而能胜，永远立于不败之地。

个性构造

内涵：文化品格与

第五章

在漫长历史进程中,华夏文化形成了诸多独具特色的文化板块,包括个性鲜明的工商文化。其中,形成于明清时期的徽商、晋商以及晚近一些的浙商,都早已家喻户晓。然而,无论从群体性禀赋、气质,还是从对社会的历史贡献看,"锡商"群体亦毫不逊色,不仅具有鲜明地域特色,其精神内涵也具有超越性的价值。

作为工商文化特色鲜明的城市,强劲的经济特征一直是无锡文化的突出特质。无锡之所以能够在近代实现快速崛起,与其深厚的工商文化渊源和优秀的工商文化质素血脉相连。在中国,几千年的文化传统将工商视为不入流的"末技",这种观念长期占据意识形态,严重妨碍了经济发展和科学进步。而在无锡民间,却少有这一思想意识的制约和影响。

锡商群体的创业,不仅让许多人过上富裕的生活,也对城市崛起起到了关键作用。据1936年(抗战前不完全统计)资料,当时无锡产业工人数仅次于上海,位居全国城市第二位。城市工业 GDP 为全国城市第三。① 在跻身"工商业前六强城市"②中,只有无锡是一个县。经济的发展推动着城市地位提升,市域范围扩大,竞争力提高,城市近代化脚步加快,人民生活得到改善,这些都为无锡从一个"县"跃进现代工商大市行列奠定了坚实基础。

无锡工商文化熔铸了各种文化精华,是一种善于审时度势、长于吐故纳新、富于创造活力的新型工商文化,也是一种敢于创业、善于经营、务本求实、经世致用、灵活变通的文化,既善于创业又有助于守成,是优秀传统文化与近代工商实践相融合与升华的产物。它成功地糅合了传统伦理和现代理性,很好地调节了社会化大生产背景下的人际关系,形成一种具有时代内容和地域特色的人文精神、思想理念、社会心理,以及与之适应的社会文化系统。

文化学者汤可可认为:"无锡工商文化并不仅仅是中国传统文化——儒家学说的延续传承,而更重要的是在近现代经济、社会发展的历史背景下,对于新的价值观的创造和建树。无锡工商经济发展和工商文化孕育的实践,表明中国传统文化并不完全为封闭保守的观念所主导,它也包含有与新的生产力、生产关系相适应的理性精神。而无锡工商文化的成就,也就在于把中国传统伦理改造成适应近现代经济社会发展的精神理念。"③

第一节 开放创新:崛起发展的灵魂核心

无锡的工商文化,从吴文化的基础上孕育演化而来。3200 多年前,泰伯

---

① 数据见日本兴亚院华中联络部 1936 年编制的《无锡工业实际情况的调查报告》和国民政府军事委员会的相关资料。抗战前夕,无锡工厂数达 315 家,超过青岛的 104 家,仅次于上海、天津、广州和武汉,居全国第五。工业投资总额为 1407 万元,超过广州,列上海、武汉、天津、青岛之后,位居第五。工业生产总值 7726 万元,超过天津、武汉、青岛,居全国第三。就业工人数仅次于上海,位居全国第二。在非条约通商口岸城市中,无锡的轻工业发达程度居全国第一。

② 20 世纪 30 年代"工商经济前六强"城市为:上海、广州、武汉、天津、青岛、无锡。

③ 汤可可:《无锡工商文化的基本特征》,见庄若江主编《创业华章——创业文化与地域经济发展》,江苏文艺出版社 2013 年版,第 3 页。

奔吴,开辟荆蛮,带来先进的中原文化,在与土著文化结合的基础上开创一种新的文化——吴文化。可以说,吴地文化从发祥伊始就已经带有了善于吸纳、包容异质文化的胎记。

春秋战国时期,吴地又吸纳融合了越国、楚国的文化因子内涵得到充实和丰富。东吴时期,吴地与沿海与海外交流互动频繁,不同地区间经济频繁交往的同时,文化间的交流传播十分活跃。其时,佛教开始传入,南朝时达到全盛,对吴地文化产生了深刻的影响。近代以来,吴地又得风气之先,以开放的心态,吸纳西方文化,最早开始对传统进行革新。这种开放包容精神,成为无锡工商文化发展的一个基本特点。

一、开放纳善　开放包容

近代无锡是一个比较开放的社会,开放必然带来竞争。敢于竞争,善于竞争,是无锡工商文化开放特性的具体体现,也是无锡工商经济成功的一个重要原因。正因为无锡工商文化能够在继承中扬弃,在吸纳中不断发展,所以"基本涵盖了近代以来本地区工商业发展及其形成的各种思想形式、制度文明,对各层面的文化体系形成渗透和影响,并随着社会的发展不断变化,形成了内容比较丰富的、立体的、全面的文化生态"①。

无锡最早的两家工厂——1895年创立的业勤纱厂和1902年创立的保兴(后改为茂新)面粉厂,创办时都曾通过官府的关系,呈请给予"十年专利保护"政策,即在规定的期限内如有其他商人在同一地区开办同样的企业,便可以由专利享有者"予以合并";如该企业坚持独立经营,则必须向专利享有者"交纳一定的利益金"。但是,实际上无锡并没有形成垄断和封闭,其后振新纱厂、九丰面粉厂等同行企业相继创办均未受限。常州横林人许稻荪经商致富后在当地打算投资缫丝企业,处处受阻,只得去苏州租厂经营,但仍然受到

---

① 汤可可:《无锡工商文化的基本特征》,见庄若江主编《创业华章——创业文化与地域经济发展》,江苏文艺出版社2013年版,第4页。

种种制约,最后才转到无锡,顺利地开办了振艺缫丝厂。无锡的经济成就受到大上海的影响,各种经济、政治、文化的因素杂糅、斑驳地交织于一身,为无锡经济的快速发展提供了巨大动力。相对于周边其他城市,无锡也更多地表现出勇于接纳的姿态,竞争而不垄断,开放而不封闭,这种积极的姿态使无锡人大受裨益,不仅没有影响自身的发展,反而促进了市场竞争机制的形成。

在充满竞争的社会背景下,善于创业、长于吸纳,能够不断完善自己,才能立于不败之地。这方面,荣氏企业堪称典范。早在 20 世纪初,国内许多企业还陷于封建家族式管理时,荣氏就已大胆引进先进的董事会制度,投资者(股东)只有重大决策投票权,而无法直接干涉企业的经营管理。这样,既保证了董事权益和利益,也有效规避了董事干政。在企业管理制度上,无锡许多企业都能根据企业实际发展需要积极进行创新。在改革上,企业家很少硬碰硬,而能采取比较温和的手段,比如荣氏,就以“中庸”的方式先后对旧式“工头制”进行改革,取得了成效。中新、庆丰等纺织厂还率先引进与美国“泰罗制”相仿的劳动用工制度、工资奖励制度和技术管理制度,加强企业的科学管理,使劳动生产能效明显提高。荣氏麾下的众多企业还不拘一格地引进了许多外地乃至国外的管理和技术专业人才,参与企业的管理和运营,改革旧的管理机制,使企业始终在先进理念的指导下运作。

同时,在生产技术领域,实业家们积极采纳先进技术,提高产品质量,不断挖掘生产潜力。荣氏企业为提高产品质量,确保设备更新,40 年代初在逆境中又组建了开源机器厂,从面粉加工业、纺织缫丝业转向重工业领域,表现出在艰难时世求生存、谋发展的顽强意志和对企业发展的独到见解。早在1912 年,荣氏就率先注册了中国第一个商标“兵船牌”,注册号为 001 号。1947 年,荣氏不惜斥资 200 亿法币创办江南大学,并首设粮油食品、工商管理专业,明确学科设立要为企业发展服务,在全国首开先河。

在开放包容、积极纳善的心态下,许多企业非常注重收集市场信息,关注市场变化,准确把握市场机遇,并据此适时进行技术引进改造和新技术的开发,并抢先推广应用先进的工艺技术,以增强产品的市场竞争力。荣氏认为“惟以添机改造为条陈”,将“内部之刷新”与“设备之完善”结合起来,这是企业扩张发展的支撑，坚持"用最新最省的计划"——既采用最先进设备技术，又注意控制投资和运行成本，滚动式提高企业装备和技术水平。

图5-1　20世纪40年代，以荣毅仁为首的荣氏茂新系统管理团队

20世纪40年代，荣氏茂新、福新和申新三大系统的公司还筹措巨额资金，创立公益工商研究所，开办开源机器厂，引进众多中高级技术人员，从设备技术到织物处理，从生产组织到企业运营，进行一系列研究开发，为企业开发新品和创新经营开辟道路。开放纳善、不断创新，是无锡工商实业快速崛起、不断发展的内在动力，企业的一切作为基于企业家的思想认识及其高度。作为社会最重要的创新阶层的企业家群体，团队始终以积极进取的精神，不断吸纳先进文化元素，推进企业创新发展，不仅大大提高企业产能效能，对全社会开放氛围的形成和创新意识的形成，无疑也起到了积极作用。

二、勇于开拓　善于竞争

无锡工商文化一向善于以竞争进取为动力，而开放创新是其能够不断发展的灵魂与核心。西方经济学家熊彼得曾说："企业家的创新精神是推动社会经济发展的基本动力。"传统儒家历来强调"入世"，君子应"仁"、"勇"兼备，"智"、"直"并举，但其信奉的中庸、克己，又容易造成某种抱残守缺、因循守旧的倾向。近代以来，无锡的实业家普遍表现出一种勇于开拓、善于竞争的精神。创业时他们排除艰难，不畏风险，勇毅精进；企业立足后又锐意改革，力谋扩张；在遭遇挫折时决不动摇、退缩，而是坚韧不拔，应对挑战；在科技和制度的创新上不断开拓，敢为人先。他们在企业内部大胆革新，兴利除弊，在市场竞争中振作精神，开拓进取，直至大声疾呼"勇往直前，作世界之竞争"[1]，这对人们思想观念和社会风气的转变起到了巨大的激励作用。近代企业家群体的产生，不仅改变了传统中国的社会结构，而且以竞争为动力推动了社会经济发展，使近代社会形成了与以往完全不同的精神风貌。

在竞争中，无锡的实业家大多能够扬长避短，公平竞争，以诚取胜，互利双赢，重利而不轻义，具有"儒商"的气质。从历史看，无锡大凡成功的实业家都是后者。无锡工商各业较早建立同业分会和商会，借以规范市场秩序，协调各方利益。1918年，浦文汀没有在自己最擅长的面粉行业开厂立业，而是另行开办机器榨油厂，避免与荣氏正面争利。1935年，蔡缄三支持儿子到苏州开办面粉厂，产品直销苏杭，以避免与荣氏兄弟在无锡的过度竞争。

开放竞争的同时也有开放合作，无锡工商企业家与外地人的成功合作不乏其例。如永泰丝厂薛南溟与湖州人徐锦荣的合作，丽新纺织厂唐骧庭与安徽商人程敬堂的合作，豫康纱厂无锡、江阴、上海三方投资者的合作等，都体现了无锡工商企业家兼容并蓄、合作共赢的开放理念。在竞争中，无锡工商企业家并不仅仅盯住同行对手，而是更多着意于市场的变化和客户的需求，致力于自身能力和水平的提高。从文化学角度讲，就是努力提高自身对资源利用的能力和效率。其结果，在赢得竞争胜利，谋取自身利益的同时，推动了社会的进步。正是基于开放竞争的清醒意识，无锡工商企业的发展自觉立足

---

① 荣德生：《欲纺织业之发展全在认真》，《荣德生文集》，上海古籍出版社2002年版，第287页。

于制度创新、管理创新和技术创新。

在组织制度方面,无锡实业家也敢于创新,许多规模企业较早采用公司制、股份制,较少实行单主制和合伙制,在当时应是制度上的新生事物。同时,近代无锡企业还根据实际情况,在实践中较多采用无限公司和两合公司的组织形式,如恒德油厂、申新纺织厂、新毅布厂等,以这种方式限定一般股东的投资风险,又便于大股东兼经理人控制企业经营权,对企业实行直线指令式集权管理,提高企业营运效率。

无锡近代工业的快速发展,除了得益于实业家观念开放,紧抓机遇,还在于他们的敢于创业,善于经营,思路清楚,目标明确。从荣氏兄弟到其他实业家,都是头脑清醒、处事果断的人。在经营上从不盲目,有着商人的智慧、手腕和魄力。他们大多商务经历丰富:杨氏兄弟主管过洋务派创办的上海机器织布局,荣氏兄弟在上海设有广生钱庄,荣瑞馨、周舜卿都出身于上海洋行,匡仲谋是上海棉花市场的重量级人物,许稻荪也曾在上海租赁工厂经营。许多人游历过资本主义最早萌芽的广东、香港,亲见许多"兴新业而占大利"的实例,因而对办厂模式、经营方式以及行业利润等都有着清醒深入的认识,清楚了解经营利润、市场空间,并深谙规模效应的作用。荣宗敬不仅坚信"建设工业,实为要图",在企业经营中也尽可能做到"造厂力求其快,设备力求其新,开工力求其足,扩展力求其多"①。令人关注的是,早期无锡民族工业的投资人,几乎没有一位从传统手工业工场或作坊起家,而更侧重对外来经济渗透和西方洋货冲击做出的回应。其善于经营,还表现在管理上颇具改革意识,善于吸纳先进理念,在提高经营水准的同时,大胆进行企业机制改革,与时俱进,积极探索企业发展新路。审时度势,把握机遇,快速跟上时代步伐和市场需求,是无锡民族实业家成功的重要经验。他们成功的经营理念、机警的处世之道,深刻地影响着人们的价值理念和处世原则,逐渐积淀成为无锡一地的文化共识。引人注意的是,20世纪前半叶锡商的创业,几乎没有一位

---

①　荣宗敬:《振兴实业发展经济以惠民生计划书》,原载《人钟月刊》第三期,1931年11月,转引自《荣氏家族无锡创业史料》,香港世界华人出版社2003年版,第178—179页。

是从传统手工业工场或作坊起家,而主要是对外来经济渗透和西方洋货冲击做出的回应。他们在经营管理上的改革意识和积极参与国际竞争的姿态,是市场取胜的关键。

中国几千年的文化传统视"工商"为"末技",这种观念严重妨碍了经济发展和科学进步,直至外辱频繁的近代,受到深深伤害的中国人才开始认识到文化的缺陷。在观念的转变过程中,锡商显示出一种在其他城市不多见的、群体化的开放性和灵活性。茅家琦在《长江下游城市近代化的轨迹》一书中指出,无锡社会近代化的标志之一就是"少保守性"和"开放性",甲午战争后,在近代经济潮流中无锡快速勃兴,原因之一就是主动接受外来资金、技术、人才和产品的扩散,主动接轨上海。"无锡对以上的扩散,是勇于接纳的。"①如前文提到的杨氏兄弟的业勤纱厂,虽有官方背景,却并未独霸地区专营权。1900年保兴面粉厂初创时,江苏商务局长吴硕卿曾因朱仲甫是广东老同事,而给予了十年专利权,但从1910年始,很快出现了九丰、泰隆、茂新等多家面粉厂,形成良性竞争态势。外地人来锡投资办厂从不会受到限制和排挤,缫丝企业从1904年的一家,在20年中发展到51家。正因敢于正面竞争,才赢得了地方经济的快速发展。锡商们一边合力抗击外国资本入侵,一边大度地接纳着来锡创业的企业家,形成了一个既开放又相互竞争的局面。竞争而不垄断,开放而不封闭,一个较为成熟的经济环境就此形成。

第二节　义利兼顾:趋利向善的双向互动

商业文化的根本特征是"趋利",然而,历久形成的无锡工商文化却是一种超越了纯粹牟利的、义利兼顾的文化,那些早期实业精英身上,深深地烙印着传统儒家的思想印记。

早期的工商实业家,他们中大多数人虽然并非谙熟儒家经典,但却能在

----

① 茅家琦主编:《长江下游城市近代化的轨迹》,江苏人民出版社1993年版,第78页。

创业中信守道德、恪守道义,注重气节,做到公平诚信。他们将儒家学说应用于企业经营,宣扬"信义经商","重名犹过于重利"。在待人处事上,也颇具宅心仁厚的特点,在经营中奉守诚信,逐利而不忘义,注重回报社会。尽管发家致富,甚至富可敌国,但生活上却富而不淫,日常生活"有如寒素"。荣氏兄弟的父亲荣熙泰曾教导儿子说:"治家立身有之余,顾族及乡,如有能力,即尽力社会;以一身之余,即顾一家;一家之余,顾一族一乡,推而一县一府,皆所应为。"①这与儒家"穷则独善其身,达则兼济天下"之说如出一辙。

儒家"以天下为己任"、"先天下之忧而忧"的道义精神,在荣德生身上折射得最为充分,在他遗留的数十万字文字中,半数以上讨论的是国家、民族、社会问题,或城市未来,或为人道理。在《乐农自定行年纪事》中他写道:"吾国地大人多,若不进步则已,若能进步,走上生利之途,则人多手多,生产勃兴,未可预卜。一切事在人为,成败关键即观其是否走向积极与消极、生利与分利、能进与不能进而已。但社会进步亦不能过分逾越界限,否则进之不已,人心无底,必起争端。……人人安守本分,知足乐业,笃于忠信,崇尚道义。国力既强,并须敦睦邻国,稽和万邦,辅

图5-2 荣德生手书对联

助弱小国家,绝无武力侵略之想,此时即成大同世界矣。以上为余期望祝祷之理想。……今后余生,更当尽我之力,为人民服务,以此身贡献社会,鞠躬尽瘁,此吾志也。"②寥寥数语,涉及道德操守、抱负理想、社会人生、工业发展、社会风气诸方面,既有对往昔之回顾,也有对当下之剖析,更有对未来之展望,足见一位有着深厚文化积淀的实业家的高尚气度、远见卓识与博大胸襟。

在改革传统企业管理体制的时候,企业家们也十分讲究中庸忠恕,善于

① 荣德生:《乐农自订行年纪事》,《荣德生文集》,上海古籍出版社2002年版。
② 见《乐农自定行年纪事续编》,上海古籍出版社2001年版,第222—224页。

采取"新旧并举"、"新旧结合"的折中之法,以减缓改革对立面的抵制,尽量求得平衡。荣宗敬、荣德生兄弟为人处世,立足"德治",希望通过施爱、树恩来"治理人心"和管理企业;讲究"乡谊"、"仁义",奉行积德行善,积极造福桑梓。如捐资办学,造桥修路,热心公益和慈善。国学大师、史学家钱穆先生在《八十忆双亲·师友杂忆》中说:"凡属无锡人,在上海设厂经营获利,必在本乡设立一私立学校,以助地方教育之发展。"仅荣氏一家,在无锡就创办了六所小学、三所中学(含中专)、一所全日制大学。

图5-3　荣氏当年创办的小学

实业家的尚德向善之举,并非纯粹对儒家传统的继承,对忠义、仁爱、诚信等儒家道德规范的秉持,而更多是新历史条件下对优秀传统的升华与发展,赋予了其新的精神内涵。列强入侵、国家贫弱、生灵涂炭的民族危机,深刻激发了一代工商实业家的社会责任感、使命感,"实业救国"、"富民强国"成为他们发奋创业的内在精神支撑。因此,在经营牟利中他们既追求利益:"创业务须快","求利务须多",又坚持"以义取财","诚信待人"、"不苛取"的道德界限,而在经营致富后则能"仗义疏财"回报桑梓,让更多的乡人分享福利与成果,实现趋利与向善的两极互动。

在市场竞争中,许多实业家都能恪守诚信,将"仁义信用"视为道德原则,做生意从不取"欺诈之法",荣德生曾亲笔手书"戒欺"二字悬于办公室,时时提醒诚信经营。在企业管理上,也注重以德服人,劳资关系和谐,宁可作些退让，也要谋求和合兼容，力求在利益关系中寻求"义"与"利"的平衡。在一次因管理制度改革而引发的新旧矛盾冲突中，两派之间发生了流血事件，但当人们去找荣德生时，却发现他正捧着一本《论语》，淡定的态度令人吃惊。

作为富可敌国的成功企业家，荣宗敬曾不无骄傲地说："从衣食上讲，我拥有半个中国。"但荣氏兄弟衣食住行却仍保持着朴素，布衣布履，出门轻车简从，荣德生往来上海只坐廉价车厢，一切有如平民，而大量财富则乐于捐助公益，乐善好施，扶贫济困不吝千金。梅园的诵豳堂内，挂着荣德生亲笔书写的座右铭："立上等愿结中等缘享下等福，择高处立就平处坐向宽处行。"国学大师钱穆出任江南大学文学院院长时，住在荣家楼上，亲见荣德生"个人生活，如饮膳，如衣着，如居住，皆节俭有如寒素"[1]。1942年秋，荣氏成立了"族益会"，主要"助学、散粟、赈款、舍棺"，扶贫济困，并开办了平民习艺所、孤儿院、残废院、妇女救急院等慈善机构，参与赈济苏北水灾和黄河水患治理。无论在事业上，还是经济、社会、文化、教育上，荣氏都是后世创业者的典范与标杆，为民族工商业发展写下了浓墨重彩的一章。

图 5-4 荣德生故居

---

[1] 钱穆：《八十忆双亲·师友杂忆》，岳麓书社1986年版，第232页。

吴地工商文化在吴文化基因的影响下,融入了中华传统文化的多元因子,形成了文商并重、义利兼顾的基本价值取向。纵览吴地的工商实业家,可以发现普遍具有"儒商"特色,他们都是极善创业和经营的实业家,在艰难乱世中能够披荆斩棘、艰苦挣扎,乃至长袖善舞,把事业做大做强,都说明他们有着极为优秀的企业家素质和精明过人的头脑、经营手段,吴文化中的开放包容、务实进取、灵活善变的传统在他们身上得到了绝好的体现。但同时他们又继承了吴文化的"尚德"传统,兼具"儒生"和"商人"的特点,在经营中不仅注重诚信,而且能够扶弱济困、积极回报社会,做到诚实守信、义利兼顾,形成了吴地工商文化独特的经营理念和价值策略。

司马迁在《史记·货殖列传》中说"天下熙熙,皆为利来,天下壤壤,皆为利往",揭示了人类心理中与生俱来的"趋利"特征。"争利"一向被传统礼教所否定,孔子曾说"君子喻于义,小人喻于利"①,后世历朝历代也一直重农抑商,视商贸活动为"末技"。而在无锡,这一偏见很早就有了松动。无锡人将范蠡尊为"商圣",并奉为"文财神",后世许多人也将范蠡作为为人处世典范。荣德生就表示自己自幼崇拜范蠡,成年后仍经常"揣摩范蠡之术"。"重商"和"守德"对立统一的两极在无锡得到了很好的融合,许多钱庄账本封面上都赫然写着"克存信义",表示求利顾义、诚信无欺的价值取向。荣德生、荣宗敬兄弟在成为名闻遐迩的富豪大贾后却说:"办实业不为发财,而为国家富强。"此话在其后来的行动中得到了印证。

吴地工商实业家的善行,为吴地工商文化增添了道德的光芒,也树立了人格操守的高标。荣德生的秘书朱复康在《回忆录》中回忆了荣先生教育子女时曾说的话:"今国家为何世乎?财源将殚,人莫之知。源不开,流不节,社会经济陷入断潢。涸辙枯鲋,其何能免?故竭我一分精神,兴我一分实业,即为国家社会多留一分元气,各其勉之。"以荣氏为代表的无锡实业家,不仅义利兼顾,甚至达到了义在利先、重义轻利的高度。荣氏兄弟开钱庄、办工厂获益后,就开始捐资兴学,先后创办了十所学校,包括小学、中学、中技和大学,

---

① 《论语·里仁》。

为国家和地区培养了大量人才。其他实业家也是如此，祝大椿创办了大椿小学，杨翰西创办了广勤小学，匡仲谋创办了匡村中学，华绎之创办了鹅湖学校，钱殷之创办了江南中学……在实业家的支持下，无锡教育呈现出前所未有的发展态势，从而使无锡在近现代快速成为文化科技人才的高地。

民族工商业家还热心社会公益，造桥铺路，发展交通，建造园林，兴办水利，扶贫助困，捐款赈灾等，无一不为。荣德生于1929年成立了千桥会（百桥公司），先后建成宝界桥、大公桥等桥梁88座。荣氏兄弟还开发建造了梅园、锦园等园林，投资或参股建设了开原路、通惠路等百余条道路，修缮了妙光塔等名胜古迹，开办了公益图书馆等。荣德生曾在《无锡之将来》一文中雄心勃勃为无锡的发展勾画了一幅宏伟蓝图，并与兄长荣宗敬着手太湖风景区的设计。抗战胜利后，他又提出了建设大无锡的设想，希冀将苏锡常连成一片，建成京沪线上人口最多最繁华的工商都会。工商实业家薛明剑创办了允利化学公司，他将公司80％的利润所得用于设立无锡城乡建设的10项基金，用以鼓励支持本地的教育、文化和科研。实业家们"义利兼顾"、"求利顾义"，甚至"义在利先"的做法，具有榜样作用，对社会风气的形成可谓是最好的引导。

深究起来，锡商之所以能够义利兼顾，除了传统文化观念的影响，还源于深刻的心理根因和感情因素。锡商热爱桑梓，内心深处有着报效家国的愿望和冲动，体现在行动上，则表现为热心城市改造，完善城市交通，创办公益事业，完善城市功能，造福一方民众，在奉献中享受人生快乐。钱穆在《师友杂忆》中曾追忆说，自己问荣德生："君毕生获如此硕果，意复如何？"荣德生答："人生必有死，即两手空空而去。钱财有何意义，传之子孙，亦未闻有可以历世不败者。……我一生唯一或可留作身后纪念，即自蠡湖直通鼋头渚跨水建一长桥。"荣德生提倡企业牟利应"取之社会，还报社会"，荣氏独自或参与铺设的桥梁达100多座，修路长达40多公里。今天，在无锡依然随处可见当年工商业巨子们造福桑梓的留痕。1905年由工商业者集资兴建的"公花园"被誉为"华夏第一园"，运河边上的茂新面粉厂旧址，横跨蠡湖之上的宝界双桥，城西春梅绽放的梅园，以及大公图书馆、公益中学、江南大学等，都是当年实业家们奉献社会的真实佐证。

图 5-5 宝界双虹——荣氏祖孙先后建造的两座桥

实业家们尚德崇文、开拓创新、勇于创业、善于经营、大富大仁的群体形象，受到了后人的尊敬和仰视，其折射出的迷人姿态和时空貌像，至今仍散发着历久弥新的独特魅力。在无锡重铸城市精神、提炼城市文化时，当年锡商们儒雅谦和、公平诚信、尚德向善、崇文重教、精明灵动、开放纳善、务实进取的精神特质，以及积极回报社会造福桑梓的优秀品行，无疑对当下和后世有着深刻的启迪借鉴作用。

第三节 务实进取：悠久民性的本质彰显

在历史的此消彼长中，吴地风气逐渐从"尚武"转向"崇文"，随着北方士族的几次大规模南迁，吴人也渐渐从"战胜攻取"的武士转变为"峨冠博带"的雅士。开放包容、善于吸纳的社会风气，也使吴地知识分子能够较早挣脱思想束缚，大胆抒发胸臆，在工商行业被蔑视为"末技"时能够大胆倡导"经世致用"、"实业救国"思想，这些都对无锡工商文化的形成产生了重要的影响。

　　无锡工商文化的一个基本的价值取向，就是务本求实，经世致用，以实业兴邦、科教济世作为追求目标，脚踏实地将工商实业做实做好做强。在无锡经济发展的进程中，"产业报国"、"实业救国"一直是发展的主旋律。

　　一方面，这种务实进取的思想理念与吴地偏安的位置、优越的地理环境有关。相对北方，吴地少有战争动乱，也较少受到政治斗争、宫廷内乱的影响，政治的敏感度较低，而对经济利益、生活质量的关注度较高。另一方面吴地的许多城市，尤其是无锡、南通这样规模较小、地位不够显赫的城市，具有鲜明的平民化性格，这些城市政治地位不高，也难以形成独立的、具有辐射力的文化，而民众精明的群体禀赋和务实勤勉的民风，能够提供给百姓施展其才能的平台，也就只有经济活动了，能够直接给人们带来生活环境改观、生活质量提高的，便只有经贸方面的活动了。可以说，活跃的经济活动带动了城市发展，改善了城市面貌，提高了百姓生活水平，带给人实际可感的经济利益。而这些利益的获得则更加促使人们看重经济活动，导致吴地的价值取向更加趋于务实。偏安一隅的地域，少有政治动乱和战争侵扰，文化教育的提升，得天独厚的自然环境，通江近海的地理优势，交通便利，信息发达，灵动聪慧的群体禀赋和善于审时度势的性格，这一切都使吴地人务实地选择了经济。

　　这种务实风气有效促进了物质文化的发达。历史上，吴地一直是水稻蚕桑的主要产地，产量高，比重大，因而有"苏湖熟，天下足"之说。在务实的吴人的努力下，吴地农业的精耕细作首屈一指。在发达的农业基础上，吴地又致力于发展蚕桑、棉花，为发达的纺织业、缫丝业提供优质原料。出于改善生活的务实目的，吴地的手工业也逐渐发展起来，不仅门类齐全，产品繁多，且工艺先进，特色鲜明。也是出于改善生活的实际目的，吴地的商贸活动日益频繁，成为大米、蚕茧、丝绸、棉布、陶瓷、茶叶及其他各类生活日用品的重要集散地。苏州在相当长的时期内是全国最大的商贸中心，富商巨贾云集，南北杂货交汇,钱庄商行当铺会馆林立,"阛阓两门,夙称万商云集"①,商品经济十分发达。无锡因为位居运河要冲,货船往来,商贾云集,也成为全国著名的米码头、布码头和丝码头,因为活跃繁荣的经济而被誉为"小上海"。

务实、重义而注重实际,一直是无锡悠久的文化传统。早在明代,东林学者就把"商经济事实"列入了讲学内容,表现出与传统的重本抑末、重农轻商思想的明显差异,而与无锡民间的功利务实取向形成某种内在的呼应和联系,"经世致用"的思想主张深刻影响了民间的风气。到了近世,受到洋务运动和实业兴邦、科教济世思想的影响,"黜浮靡,崇实学"早已成为近代以来无锡民族工商文化的重要根源,实业兴邦、科教济世更成为无锡民间风气。注重实际,讲求实效,是无锡近代民族工商业迅猛发展、经济繁荣的目标追求。"经世致用"思想在实业家群体中颇得人心,这一思想也得到充分实践,他们兴实业,办实事,求实惠,重实效,脚踏实地致力于实业兴邦。洋务思想先驱薛福成,多年从政生涯和驻外大使的经历令他深感发展经济之重要,认为"民先富而后国才能富,国先富而后才能强",并总结出西方国家富强的原因就在于振兴工商业。因此,他积极主张发展工商业,鼓励民间商贸活动,有"夺外利以富吾民"(《筹洋刍议·商政》)、"导民生财"(《西洋诸国导民生财说》)、"为民理财"(《西洋诸国为民理财说》)、"殖财养民"(《用机器殖财养民说》)、"藏富于民"(《出使奏疏》卷下)等十分精彩的言辞,他的主张与东林学派的"经世致用"思想一起成为无锡本土工商发展的思想动力和无锡工商文化最重要的理论支撑。

经世致用的思想与民间重商风气的有机结合,使近代以来的无锡人才呈现出技术化、实用性的趋势。许多知识分子一方面为衰微的国运而感到忧虑,另一方面则以理性务实的姿态寻求着救国之术。1865 年,无锡人薛福成写下《上曾侯万言书》,以睿智的眼光观察世界大势,剖析国运危局,提出了许多切实可行的改革主张。此后,薛福成又极力倡扬"以工商为先,耕战植其

---

① 光绪二十三年(1897 年)《元长吴三县禁止私相兜揽南枣橙桔等货碑》,苏州博物馆、江苏师范学院历史系、南京大学明清史研究所编《明清苏州工商业碑刻集》,江苏人民出版社1981 年版,第 256 页。

基，工商扩其用"的思想，主张首先发展工商业，改善茶丝生产，提倡成立股份公司，鼓励民间商贸活动，"夺外利以润吾民"①。中法战争后，薛福成进一步提出"导民生财"、"为民理财"、"殖财养民"、"藏富于民"等一系列富民强国主张。其子薛南溟弃官回家，经营实业，正是实践父亲思想的结果。苏州人王韬游历英法俄等国家之后，回国创办了《循环日报》，积极宣传资产阶级改良思想，提出变法图强的主张。镇江丹徒人马建忠早年留学法国，研究西学之后，提出了"对外通商"的积极建议，主张发展对外贸易，大力发展新式工业和农业，争取关税自主权，发展民办工商业，并将这些举措称为国人的"求富之源"。无锡人徐寿、华蘅芳则率先把西方的数学、物理化学、工程学等基础理论引进中国，以严谨务实的精神，开启了国人知识结构近代化的历程。当周边城市大多沉浸于"诗书礼家"时，无锡人心中的这道藩篱早已撤去，可以说，"经世致用"，既是无锡经济发展的重要的内在根因，又是无锡工商文化最重要的思想支撑。

　　无锡工商文化的务实取向还体现在企业家对实业的选择上，纵览无锡实业家从事的行业领域，虽然百业纷呈，但两大支柱产业却是粮食加工和纺织。这两大产业恰好对应着人类生存的两个基本需求——吃与穿。荣、杨、薛、唐等大型财团从事的粮食加工、蚕茧、缫丝、纺织、印染等行业，无一不紧紧围绕人的两大"生计"展开。精明务实的实业家们深知，任何时候、任何人都离不开生存的基本需求。因为衣食产品有着最稳定的需求，因而行业风险也最小。这样的行业选择也许有着某种偶然性，却是实业家们经过脚踏实地的调查后得以确认的经营领域。它不仅意味着任何时代任何人都离不开吃穿，还因为实业家在投资前都做过细致的市场考察和可行性分析。有趣的是，徽商、晋商大都从事贩进卖出的商贸活动，有着较多投机意味，而无锡实业家则注重实业运作，兼顾商业，而兼营商业的目的恰恰是为了实业的进一步拓展。这种务实取向也影响到无锡人的实际生活，进而在许多文化艺术层面得到印证，从

---

　　①　薛福成：《筹洋刍议·商政》，见徐素华选注《筹洋刍议：薛福成集》，辽宁人民出版社1994年版，第71—74页。

古流传至今的土特产肉骨头、油面筋、惠山泥人，这三样无论从视觉还是味觉上都给人实笃笃的感受，充满平民化的朴实气息，本色、实在、质朴、实用。

无锡重商务实的文化传统，也有力促进了经济学理论与社会实践的紧密结合，不仅表现在工商实业阶层的群体性崛起，而且还涌现出了陈翰笙、薛暮桥、孙冶方等一大批新中国最早的经济学家群体，他们对中国经济学理论的奠立和经济发展做出了重要贡献。在时代变迁中，吴地知识分子总是得风气之先，至 20 世纪二三十年代，借助坚实的经济基础，大批无锡后生纷纷留洋海外，学习西方先进文化。辛亥革命爆发的 1911 年，就有 122 人留学海外。顾毓琇、顾玉琦、胡敦复、胡刚复、胡明复、裘维蕃、邹承鲁、辛一心、杨荫浏、杨荫瑜、钱锺书、钱伟长、唐鑫源、唐敖庆、戴念慈等，大多成为国内各个学科的奠基人、开拓者。

在务实精神的主导下，无锡人锐意进取，开拓创新，脚踏实地走出了一条发展新路。20 世纪 80 年代，无锡摒弃旧有的农村经济发展模式，大力发展乡镇企业，创造了影响全国的"苏南模式"。90 年代，又抓住对外开放的机遇，以工业园区建设为主要载体，大力引进外资、发展对外贸易，将外向型经济作为推动区域经济发展新台阶的重要力量。跨入新世纪以后，吴地大力发展民营经济，民营经济总量不断提升。近年来，无锡利用外资规模稳定增长，内涵和结构不断优化，开放型经济发展的特征更为鲜明。同时，无锡人的敏感聪明使得决策层更具战略意识，产业领域不断实现新突破，出现了以规避贸易壁垒为目的、实施原产地多元化具有战略意义的项目。一些民营企业尝试在境外建立开发区，实现了本地企业从分散式"走出去"到集聚式"走出去"的重大转变。利用外资、外贸出口、外经合作、境外投资实现全面快速增长，充分显示了吴地开放型经济的实力。

无锡，这座浸透着工商文化传统的城市，深厚的工商文化底蕴和工商文化素养构成了城市文化的核心和主流。工商文化的务实功利决定了无锡人自我突破的意识和行为。从历史地理因素看，无锡地区地少人众的矛盾很早就刺激了工商文化的萌芽；从文化传统看，工商文化的本质内涵又促使人们产生强烈的求实、逐利的要求。基于此，灵动机智的无锡人在经济活动中，总是"遇到红灯绕着走，遇到绿灯抢着走"，表现出既灵活又务实的作风。上世纪 90 年代，无锡已默许了"无禁则入"的经济法则。江阴华西村是中国"两个文明"建设的典范村，多年前，当人们还在争论"公有"、"私有"问题时，村书记吴仁宝就大胆提出："不怕'公有'，也不怕'私有'，就怕'公'也没有，'私'也没有！"在务本求实精神的指导下，华西村大刀阔斧进行改制，乡镇企业实现快速转型，并冲破了已显出局限的"苏南模式"，成为社会主义新农村的新样板。

无锡在梳理城市历史文脉和提炼城市精神时，毫不犹豫地将"务实"作为城市精神的重要内涵。可以说，"务实"不仅是吴地过去快速发展的经验总结，也是无锡需要继承和发扬的优秀文化内涵。

第四节　智慧灵动：水文化孕育的鲜明个性

孔子曰："智者乐水，仁者乐山。"此话形象地道出了人与山水自然的依存关系。无锡山水环绕，浩浩太湖，滔滔长江，悠悠运河，汩汩山泉，星罗棋布的河网水道，勾画出一幅幅山水美景，也培育了当地民众如水般的性情和水一般的文化特征。水，对于无锡的意义尤为重大。

一、灵动水性孕育群体禀赋

吴地，最多见的是水，与人的生活关系最密切的，还是水。水是吴人的血脉和生命。无锡文化是一种水孕育的文化，而水文化是一种智慧而充满灵气的文化。

远古时期，吴地就是造船高地，早在 7000—8000 年前，江南已有了独木舟，2500 多年前的阖闾时期，吴国制造的艅艎大舟可载员 600 余人，畅行海上。有了水，有了船，有了帆，吴人畅行无阻，顺水行船，见风转舵，水上的征战、劳作和生活，培养了吴人机智灵活的性格禀赋。有研究者因此认为，水的灵动赋予了无锡文化以"水文化"特征。[①]

"水",随物赋形,灵活变通,热可化为汽、化为雾,冷可化为雪、结成冰,是自然界最善于变化、形态最多样的一种物质。环境可以改其形,而终不能变其质。水之灵动百变之态,自古为智者所欣赏,老子曰"水有柔德","上善若水,水善利万物而不争"[②]。水,滋润万物,润泽天地,周济天下,化育生命,且既柔韧灵活,变化多端,又不会改变其根本性质,这些自然属性无疑深刻地影响了无锡人的群体禀赋,水的陶冶滋润真切地体现于无锡人的血脉之中,使他们性情温润又长袖善舞,善于审时度势,灵活处置问题,常能使"坚如铁"化为"绕指柔"。

无锡水网密布,河道纵横,如果不是因为城市建设而填埋了五十多条河流,应是一座真正的"东方威尼斯"。城市因水而兴,因水而荣;百姓枕河而居,依水而生,无锡与水的关系无比密切,南濒太湖,北依长江,运河蜿蜒穿城,发源于惠山的梁溪河犹如 条绿色的腰带,为城市增添了美丽的姿色。从这里溯长江可直上荆楚巴蜀,环太湖可周行浙皖赣,沿运河可贯通京杭,济沧海可横跨大洲。水,不仅润万物,还能行舟楫,通八方,兴城邦、亨国运、济民生,便利通达的水上交通成就了无锡"四大码头"和"小上海"的美称。水,不仅形成了无锡最鲜明的地貌特征,也培育了当地人们智慧灵动、开放包容的群体禀赋。

无锡文化是浸润着"水"的文化。水有柔德,温软宜人,却刚柔兼具。老子说,"天下莫柔弱于水,而攻坚强者莫之能胜"[③],形象地道出了水的两面性。水之柔可以克刚,水之汹可化沧海。水的柔而不弱、韧而善进、刚柔相济的特征也成为许多无锡实业家的行事作风。无锡历来重工崇商,实业家在发家致富过程中,一方面重诚信、求报国、馈桑梓,心胸豁达开放,另一方面也表现出无锡人特有的柔韧灵动和通达善变,聪慧灵动的性格特征在市场竞争中有着充分的显露。

---

① 庄若江:《城市文化》,教育科学出版社 2002 年版。
② 《道德经》。
③ 《道德经》。

图 5-6　今日运河

　　正是这种灵活机智的敏感和应对作风，让无锡人快速抓住难得的历史机遇，造就了近代以来激动人心的两次经济飞跃，极大地提升了无锡的城市地位和经济实力，强化了无锡在全国经济发展格局中举足轻重的地位。

　　这种灵活机智、善抓机遇的处事作风，当年在荣氏等企业家身上也体现得淋漓尽致。在实业创办和发展过程中，实业家们很早就发现了旧式管理和经营模式的种种弊端，而能积极引进国外先进管理理念，推行现代企业管理，使企业在竞争中立于不败之地。在改革遇到阻力甚至爆发矛盾时，实业家们也没有采取强硬措施激化劳资矛盾，而是以温和的"太极拳"化解矛盾，安抚人心，化"危"为"机"。无锡的实业家不仅有很强的改革竞争意识，又善于进退，机巧地处理问题，荣德生在面粉厂获利丰厚之时，曾经遭遇下属王禹卿、浦文汀另起炉灶、挖企业墙角的问题，面对威胁企业未来发展的严峻问题，他却以一种温良恭俭让的姿态化解了矛盾，既让下属另创企业的愿望得以实现，又将新办企业纳入荣氏系统麾下，壮大了自己的实力，又赢得了认可，可谓长袖善舞，舞姿漂亮。

在动乱频仍、外商欺压的年代,无锡的企业没有崩溃倒闭而能在夹缝中艰难求生存、谋发展,不能不归功于实业家们的观念开放、头脑灵活。一战期间,帝国主义列强稍稍放松对我国的经济侵略,无锡企业家立刻伺机发动,快速发展;20世纪30年代初,全球性经济危机刚刚过去,无锡实业家立刻重振旗鼓,稳步前行;1945年,日本侵略者铁蹄刚刚离开中国大地,无锡实业家很快便重整山河,兴废振业,快速开工。可以说,灵活机智的应变,善于审时度势抓住机遇,快速跟上时代步伐和市场需求,是无锡民族实业成功的重要经验,这个传统也一直延续到后来。"十年动乱"期间,无锡人在"抓革命"的同时,也没有放松"抓生产",在全国许多地区生产陷于瘫痪时,无锡的工业GDP却创出了翻两番半的奇迹。"文化大革命"大潮尚未退尽,国人尚沉浸于革命大潮,而无锡人却已嗅到逼近的改革之春气息,敏锐感觉到经济之于民生国运之重要,戴着集体经济的"红帽子",乡镇工业率先起步了。而当人们终于醒悟到经济的重要性,无锡的乡镇企业早已遍地开花、硕果累累。

可见,无锡工商文化以智慧灵活见长,善于把握机遇、敢于开放进取是其重要的特征,它与无锡人性格禀赋中的"务实"相辅相成,相得益彰,成为地域文化性格中很好的互补元素。无锡人的智慧很大程度上体现在善于审时度势,适时把握机遇,乘势而进。得水滋润,顺水行舟,无锡的工商文化善于寻找出路,敢于探索、善抓机遇,既善于吸纳包容,又离不开灵活机智,这些优势文化特质的汇聚交融,令无锡的经济发展大受裨益。

二、精明灵动　推动实业繁兴

精明灵动、机智灵活的特性,不仅是无锡人的群体禀赋,更是无锡实业家鲜明的性格特征。在市场经济的大潮中,他们善于审时度势,抢先抓住机遇。不仅表现为敢为人先,还表现为善于进退。"精明灵动"与无锡人性格禀赋中的"务实务本"相辅相成,可谓互为补充,相得益彰。

无锡成功的工商企业家都善于审时度势,把握机遇,根据市场态势的变动,灵活地开拓企业经营。智慧的决策来自对市场的精准把握,无锡工商企业的成功经营者们特别重视市场信息的搜集和分析，甚至深入农村街巷走访调查，了解市场需求，由此正确判断形势，做出正确的生产决策，因而产品能够适销对路，获得客户欢迎。同时，企业家们十分注重发挥主观能动性，积极构筑市场竞争的优势，不仅通过客户、合作伙伴乃至竞争对手，了解供产销行情，分析市场动态，而且也注意发挥企业内部经营管理系统的作用，掌握原料购进、产品发货及库存、资金收付回笼以及后续接洽谈判等情况，对其进行综合分析，作出市场经营和生产调度的决策。此外，还通过定期不定期的专题考察、实地踏勘，有目的地搜集与企业经营有关的信息。无论是日常购销经营，还是投资扩建新厂，都要到原料产地、产品销地、主要中转商埠进行调查，走访各路厂商，联络社会上的掮客、跑街，搜寻各地刊有工商信息的报刊、出版物，对市场走向和同行企业的生产购销动向，做到了如指掌。近代无锡以擅长经营著称的王尧臣、王禹卿兄弟，浦文渭、浦文汀兄弟，唐保谦、唐星海父子，唐骧庭、唐君远父子等，除了指定专人搜集、分析市场信息，还要求企业经营管理人员去外地城乡出差办事，了解各地的市场情况乃至民情风俗，从中提取有利于企业经营决策的市场信息。丽新纺织厂等企业，还专门购买同行厂家的产品加以分析研究，重金收买相关商行的关键人物，借以获取有用情报，破解别人的经营谋略和技术秘密，这些都曾取得出奇制胜的效果。无锡企业家精明灵活，深谋远虑，善于在瞬息万变的市场角逐中造形取势，掌握主动权，这是与善于收集、分析市场信息密不可分的。

当然，近代无锡工商企业家的经营智慧，并不仅仅体现于局部和细节的精细，而能高掌远蹎，目光远大。他们善于从大局和总体统筹兼顾，部署经营。用荣德生的话说，即"凡事当知层层相因，不能但顾一方也"①。晚年时，他在总结经营实践时特别强调应"一味顾大局，各事均得分寸"②。无锡工商业的企业经营充分体现了智者的聪慧，长于统筹规划、整体优化。如加强原材料供给调度，实行集约化营销，"酌盈剂虚"，用纺织厂生产的布来制作面粉

---

① 荣德生：《乐农自订行年纪事续编》，《荣德生文集》，上海古籍出版社2002年版，第147页。

② 荣德生：《乐农自订行年纪事》，《荣德生文集》，上海古籍出版社2002年版，第54页。

厂的粉袋,用本地造纸厂的纸制作日用化工厂的产品包装,用砖瓦厂的砖瓦来建造纺织厂的厂房,如此聪明的做法,用今天的话说,就构成了城市的产业链,推进了产业的整体发展。

在资金营运上,无锡的实业家们十分善于灵活调节,相互挹注,实现互惠互利。他们将商企的盈利转为工业企业的技术改造投资,而工业企业的间歇资金则投入商业铺号进行季节性周转,做到资金的集中使用,有利于企业的积累扩张,也实现了效益的最大化。

在管理和技术资源上,无锡企业之间很少互相挖人才、挖墙脚,而更多是"借材异地,聘之毕业于外洋者"①,广纳贤才,甚至高薪聘请国外工程师、管理者。为了企业的更好发展,企业内部则举办各类养成所、训练班,培训企业急需的各类管理技术人才和熟练操作工人。荣氏企业还斥巨资兴办多所小学、中学和全日制大学,致力于国民素养的提高,以谋求企业的长远发展。

无锡工商企业的灵活经营,还体现在根据实际需要而不断进行的改革中,许多企业集团从内部的统筹调配出发,逐步发展为工商企业之间的合作经营,进而向跨行业、跨地区的协作配套发展,走出了一条集约化、规模化、高效能的发展之路。最典型的例子是,无锡棉纺业与常州织布业的联手,打通了供销渠道,实现了强强联手、互利合作。

此外,荣氏企业以高远的目光和务实的精神,克服困难,为常州布厂提供对方急需的盘头纱和筒子纱,联合抵制日货,促进区域内纺织业的分工协作格局的形成,从整体上提高了规模经营、集约经营水平。又如薛氏的永泰集团,为了摆脱洋行的中间盘剥,实现外贸自主经营,联合苏沪多家骨干丝厂,采用参股、租赁、托管等方式,实现原料采办和产品外销的统一经营,联手改良蚕桑种植,更新生产设备,整合茧丝商业,优化经营资源和技术力量的配置,构筑起跨国经营的竞争优势。无锡工商企业家这种互利合作、互为支撑、综合配套的"宏观经营",已超越了日常的"小聪明",体现出一种坚定目标与灵活措施相结合的"大智慧"。

---

① 荣德生:《欲纺织业之发展全在认真》,《荣德生文集》,上海古籍出版社 2002 年版,第 287 页。

成就百年繁华

硕果：工商发展

第六章

图6-1 春日蠡园

无锡,自古就是鱼米之乡,民人殷富,秩序井然。这里地处长江三角洲中部的太湖平原,气候湿润,雨量充沛,水源充足,土地平整而肥沃,适合稻米、蚕桑等的栽培和淡水养殖,为农业和工商业的发展提供了优越的自然环境,因此享有"鱼米之乡"、"太湖明珠"之美誉。

在频繁的经济活动中,无锡这座昔日普普通通的江南县城,因为在历史的转折关头敏锐地抓住了变革的机遇,涌现出一大批实业家,诞生了众多民族资本企业,经济实力大幅提高,城市地位和影响力极大提升,从而成为最具影响力的六座工商名城之一,也创造了一座小城快速崛起的奇迹。

第一节 从鱼米乡到"小上海"

无锡地区在河姆渡文化和良渚文化时期,已有水稻种植。战国后,利用其紧邻江、海、湖、河的地理优势和气候温和的自然条件,粮食、桑蚕等农产均丰,农业和渔业得到迅猛发展。因为北方战乱,魏晋以来多次有大批移民从北方中原地区迁至江南,无锡地区人多地少的矛盾也日益突出,精耕细作遂成为解决矛盾的办法之一,也由此培养了无锡人做事细致、善于筹划的生活习惯。

隋唐以降,由于大运河的开通和太湖的治理,大片湖滩土地得到开发,锡北一带的射湖、贵湖、上湖,锡西北的兆阳湖、临津湖、茭饶湖、阳湖以及最大的芙蓉湖都被改造成可耕田,圩田面积不断扩大,农作物种植面积和品种都大幅增加。唐宋时期,农具制作技术和耕作技艺也明显提升,出现了一种用于插秧的农机"秧马",可在秧田中滚动插播秧苗;农田灌溉方面出现了脚踏龙骨水车,苏东坡经过此地,曾对此做过描绘:"翻翻联联衔尾鸭,荦荦确确蜕骨蛇。分畴翠浪走云阵,刺水绿针插稻芽。"(《无锡道中赋水车》)无锡的农耕一向以"深翻细耙"、"精管细耨"为特色,而农具的改良,进一步促进了无锡地区农业精耕细作的水平。这一时期,稻米品种也得到改良,"占城稻"不仅产量高,而且可作为"双季稻"进行种植,产量进一步提高。唐代时江淮税粮已经占到朝廷全部粮税的 80%,"江淮田一善熟,则旁资数道,故天下大计,仰于东南"①。宋代,人口不过十万的无锡一县上供稻米就高达 5.62 万石(约折合 550 万斤)。无锡所在的江南,是一方富庶美丽之地,同时也是对国家经济贡献最大的区域,故唐宋时即有"苏湖熟,天下足"之说。

明初,无锡建立了户籍制度。根据明代人口黄册统计,明洪武十三年(1377 年)无锡在册人口为 13.8 万,有官田、民田合计 72 万亩。按照税法,夏秋两季共纳税粮为 2.1 万多石和 9.7 万多石,合计约为 12 万石②。明代后期,无锡县人口增至 28.7 万余人,可耕地 142 万多亩,年征税粮约 17.9 万余石。江阴、宜兴规模与无锡县相当,都是纳税粮的大县。除了粮赋外,无锡每年还要向京城进贡一种高档三色丝织品金花素宁 50 匹,逢闰月则加供 4 匹,箭5000 支,大雁 35 只,鱼鹰 20 只,鹌鹑 35 只,野鸡 6 只,獐子 5 只,翎毛 3 万根,獐皮和麂皮共 400 张。江阴的贡品中有一万斤特产梅鲚鱼,而宜兴的贡品有阳羡茶。清代时,无锡的粮税减少,但因开始加收商业税,总体税赋价值并未减少。

由于朝廷对漕运的依赖,无锡的水运码头开始繁荣起来。无锡的稻米贸易历史悠久,是历史上著名的稻米集散地,这里集中了江南生产的优质粳米。早在元代,就有"置仓无锡州,以便海漕"③的记载。自明永乐以降,京杭大运河成为东南漕粮北运的唯一通道,无锡遂发展成江南漕运中心和商品粮集散地。万历时期的浙江人王士性在其《广志绎》中将"无锡之米"与苏杭之丝绸、扬州之盐、福建建阳之书籍、江西景德镇之瓷器、浙江温州之漆器等,同时列为商品出产或集中之地的"天下码头"。大规模的粮食调剂、区域及长途贩运,"千艘万舸"、"舳舻相衔",尤为突出了无锡地区商品市场的繁荣盛况。

无锡鱼市借运河、太湖之便,繁荣亦然。太湖是我国著名的淡水湖,自古至今,鱼虾资源十分丰富,"太湖三白"(白鱼、白虾、银鱼)闻名中外,素有"金湖银盆"、"日出斗金"、"天然鱼库"之称。明清时期,太湖出产水产品甚丰,沿

---

① 《新唐书》卷一六五《权德舆传》。

② 石,音 dàn,中国旧时市制容量单位,十斗为一石。

③ (元)陈迈:《亿丰仓记》,(元)佚名纂修《无锡志》卷四下"记述"。

太湖开设的鱼行参差林立,规模渐巨。至民国时,沿太湖的各小集镇上,几乎都有几家鱼行,专门收购太湖渔民捕捞的湖鲜。随着商品经济的活跃,无锡民间逐渐蔚成肯定工商、热衷经营致富的新理念。米市、鱼市的兴旺,为无锡民族工商业的最初萌芽开了先机。

生活的富裕,富于无锡独特的美食。有趣的是,无锡民间的各种小吃美食都属荤,都与肉有关。事实上,在每座城市的传统小吃中可以鲜明地折射出一个地方的文化。无锡的左邻右里是苏州和常州,苏州的代表性小吃是采芝斋、乾生元的茶食,投射出的是苏州作为消费休闲城市的特质;而常州的特产是萝卜干、芝麻糖之类,在以前物质生活相对匮乏的年代,无锡人的生活虽然平民化却相当富裕。《三联生活周刊》的记者这样写道:"在扬州、苏州、杭州的夹缝之中,无锡的美食依然能傲然独立。"他说,吃过所有江南汤包后,"独嗜好无锡"[①]。无锡小笼汤包,皮薄汁多,味道鲜甜浓郁,即所谓"夹起不破皮,翻身不露底,一吮满口卤,鲜甜不油腻",就汤汁包容度和味道的浓郁,无论上海南翔小笼,还是鼎鼎大名的扬州汤包,都无法与其相比。设想百年之前,无锡人就已经吃着这样的美味,日子该是怎样的滋润?

三万六千顷的辽阔太湖是养育无锡的母亲湖,湖中可食用的鱼类多达百余种,是太湖给予无锡人最好的生活馈赠。最著名的湖产是"太湖三白",这是家家户户离不开的湖鲜美味。白鱼肉质细腻鲜美,清蒸清炖可保持天然味道,无锡民间也擅长制作糟香白鱼,风味别具;银鱼通体晶莹玉透,无刺无鳞,鲜嫩味美,适合氽汤炒蛋,也可制作香酥银鱼;白虾壳软肉嫩,只有在每年的5—7月才可品尝到,只需少许葱姜盐酒白灼,就已美味无比,当地人还喜欢用白酒、腐乳汁炝成醉虾,是春夏之际的佐餐佳品。"太湖三白"又和梅鲚鱼一起被称为"太湖四宝",而洄游进太湖产子的鲴鱼做成的烤子鱼更是鲜美无比,满满的鱼子浸透油酱,其浓郁香甜的味道无可匹敌。无锡人的嗜甜全国有名,嗜甜背后包裹的是对口味极端浓郁的追求。"甜"对应着五行中央的"土",是五味调和之基准。无锡菜之甜与浓郁,其实是将调味提升到了极限。

---

① 朱伟:《太湖湾里的度假胜地——无锡》,《三联生活周刊》2014 年 7 月 30 日。

"甜"，也对应着温软的山水、丰美的产出和温和的民风。

锦绣江南，素以风光秀丽而著称，无锡地区气候温润，山水交映，绿野平川，树木葱茏，不仅为农业生产提供了绝佳环境，称为令人称羡的鱼米之乡，其得天独厚的地理优势，也为工商业的发展提供了十分优越的条件，成为大江南北的交通枢纽和物资集散地，享有粮食、土布、丝蚕贸易大码头之美誉。随着民族工商业的迅速崛起，无锡终于完成了华丽的转身：从农业社会的渔民之乡蜕变为一座繁荣兴旺的工商名城，赢得了"小上海"的美称。

一、繁华"小上海"

上海自 1843 年开埠以后，一跃成为国内最大的近代工商业中心，毗邻上海的无锡，则成为承接工商经济与文化向内地辐射的"二传手"，吸收外资的基地及中国近代化的"先行官"，民族工商业的发祥地。无锡作为近代江南地区的经济中心，形成于 20 世纪 20 年代，它与上海相配合，工商经济同步发展，相得益彰，形成了兼具加工制造业、农副产品集散、商业贸易等多种职能的经济中心。

旧上海俗称"十里洋场"，西方各国在上海都辟有租界，建立了许多外资工商企业，上海还集中了一大批新式学校、社团、报刊，因此而成为接受西方文明的一个窗口。无锡努力向海上门户、风气时尚的新兴商埠上海紧密靠拢，主动吸取着来自上海的经济和文化的辐射，充实着自己的能量，成为上海重要的后方工商业基地，迅猛地提升着自己的经济实力和城市地位。进口商品及南北杂货，经由上海的采购量常占无锡转口内销总额的 70%—80%。1908 年沪宁铁路贯通后，茧子、小麦、黄豆和米从无锡运往上海更为便捷，两地的联系更加紧密。由于地缘相近、文化相融、人员相交，上海与无锡比较容易产生思想上的认同感。在经济和文化上，无锡都接受了上海的辐射和影响。一方面，无锡需要上海，上海的大舞台给无锡提供了广阔的发展空间；另一方面，上海也需要无锡，无锡是上海的后花园，为其供应源源不断的人力物资。无锡借助上海成为富甲一方、实业家云集的胜地，上海的成就同样是依靠各地人才充分发挥才智而实现的。无锡的"小上海"之称,既反映了20世纪二三十年代无锡与上海联系紧密、社会经济繁荣的现实,也显露出无锡人对上海欣羡和追慕的心态。

近代无锡工商文化的形成,有一个因素不能忽略,那就是随着上海近代工商经济的蓬勃兴起,该地吸引了一批又一批的无锡人前往上海打工、习业。在19世纪60—80年代,无锡人到上海"学生意"的人数远超苏、常、宁、通等地,他们在上海接受了新思想的熏陶,得到了最初的商场锻炼,积累了基本的市场经验,成为中国近代企业活动的先行者和近代工商文化的实践者和传播者。

在洋务运动和上海的影响带动下,民族工商业逐渐扩展至无锡。从1895年杨宗濂、杨宗瀚兄弟返锡创办首家民营业勤纱厂后,无锡出现了一大批实业家,他们大多早年赴上海"学生意",从"习业"逐渐转向"创业"。人尽皆知的"面粉大王"、"棉纱大王"荣氏兄弟,上海滩的"呢绒大王"陈梅芳,"煤铁人王"周舜卿,"福新后主"王禹卿,"桐油大王"沈瑞洲,"电池大王"丁熊照,"电气大王"祝大椿等,他们的创业之路无不如此。

由于上海的辐射与带动,无锡在短短数十年中迅速成长为民族工商实业的高地。作为民族资本集中、产业门类齐全的轻工业城市,到抗战前夕,无锡不仅棉纺、缫丝、面粉业成为全国龙头,而且还拥有齐备的染整、针织、碾米、造船、砖瓦、榨油、酿造、糖果等中小型工业和新兴的机器制造工业。在旧中国所有重要的工业门类中,小小的无锡缺的只有烟草、火柴和水泥工业。与中国一些中等城市近代工业偏重发展的情形相比,无锡可谓是一个全面发展的轻工业城市。而且因为米市和布码头的繁荣,无锡的经济影响又辐射到苏南和苏北部分地区,推动了区域经济的繁荣和近代化进程。历史上名不见经传的无锡,在近代短短数十年间一跃而成为地区经济的中心城市,民族工商业的崛起对城市发展的意义是不言而喻的。

从民人殷富的"鱼米之乡",到人才鼎盛、工商企业群起、经贸繁荣的"小上海",近代无锡的发展,是一个令人击节赞叹的奇迹。现代形态的无锡工商文化肇始于19世纪末,正是中国社会从传统向现代艰难转型的历史时期,新旧观念搏击,中西文化碰撞。在这一社会大变革的历史背景下形成的无锡工商文化,既有本土传统文化的深厚基础,又有西方工业文明的鲜明印记。两种本质不同的文化在矛盾的冲突中交融化合,共同构建无锡工商文化独特的成分内涵和品格特性。

无锡之所以能够摆脱行政体制的羁绊,崛起于苏常之间,并实现近代工业、商贸、金融等行业的迅速勃兴与腾飞,不仅取决于自身雄厚的经济实力,更得益于其孕育的一批杰出的民族工商企业家。他们经世致用、务本务实,精明灵动、善抓机遇,成就了一方物华天宝、繁荣昌盛的富庶之地。

二、快速成长推动城市崛起

快速成长是近代无锡的特征之一。历史上,无锡不是隶属于常州府,就是隶属于苏州府,2000 年来一直是个地位不高的县级小市。然而,从 19 世纪末近代化的启动,到 20 世纪 30 年代时,无锡已然成长为一座江南的工业强市,以崭新的姿态崛起于城市之林,其社会近代化进程远超相邻级别高于自己的府制城市,创造了近代史上城市发展的一段传奇。

工商经济发展的作用极其巨大,不但给无锡带来了经济实力和城市影响力的极大提升,为无锡跃入现代工商大市奠定了坚实基础,而且有力推动了城市地位的不断提升。上世纪 30 年代,无锡县制身份虽然未动,但在经济上被列为特等县。新中国建立后,因为超强的经济实力而被升格为地级市,并成为苏南行政公署办公地,直至 1952 年撤署建省。

无锡的民族工商实业的发展,不仅让自身率先进入了工业化时代,创造了县级城市崛起的奇迹,还极大带动了苏南地区近代化的进程。近代民族工商业的崛起与发展所产生的超强辐射力,不断增强着无锡的经济实力,也强化了无锡在区域、全国乃至海外的综合影响力,由此确立了中国近现代工商业核心区域的地位,并为几十年后民族工商业的再创辉煌打下了扎实基础。

早在 20 世纪 30 年代,无锡就拥有了最完整的轻工产业,最多的机器化现代工厂、最高的工业产值和最庞大的产业工人群体(占县城人口比例高达

20%），这不仅意味着小无锡有了最早的工人阶级群体，还意味着无锡有相当比例的家庭有了相对稳定的薪资收入，摆脱了传统农业化的生产生活。

更大的意义还在于，它推动着无锡逐渐成为区域内的经济商贸中心和地区经济联系的枢纽，对周边地区产生了影响力、辐射力和凝聚力。由于地理位置的优越、交通的便利、原料基地的临近和工价低廉等有利因素，无锡吸引了众多的投资者和技术人员，同时又将技术、商品、信息辐射到苏南各地和太湖沿岸地区，成为区域内的产业中心、商品的集散中心、金融中心和信息中心。苏南的江阴、宜兴、常熟、溧阳、金坛等地的经济活动，在相当长的时期内都围绕着"八邑名都"的常州进行，无锡经济勃兴后，不仅这些县，而且靖江、吴县乃至武进的一部分经济活动也都在无锡的辐射带动下展开。无锡快速地吸纳着来自上海的人才、技术、信息、流行和时尚，并将其辐射到周边地区，俨然成为一座上海经济圈内第二层面的经济中心，从而赢得了"小上海"的美称。

民族工商业的发展，大批工商企业的存在，对无锡城市和市民产生的影响是深刻而深远的。首先，由于经过了企业文化的熏陶和企业培训，员工开拓了眼界，掌握了生产技艺，成就了我国最早一批熟练产业工人，为后世我国工业的发展奠定了重要的人才基础；其次，以荣、杨、薛、唐等为代表的锡商群体，均具儒商气质，崇文重教，热心公益，积极回报社会，城市许多公益性的基础设施得到完善，城市面貌有了明显改善；其三，因为有了较为稳定的收入来源，企业员工及其家庭的生活水平有了切实的提高，据相关资料，荣氏企业的员工中有相当一部分家庭因此而脱贫；其四，锡商们对城市风气产生了深刻影响，他们务实勤勉、开明通达、灵活精明、适时顺便的处事风格深刻影响了当地的民风，许多人成为百姓创业效仿的榜样。

第二节　在不断超越中崛起发展

在苏南，苏州、无锡、常州三座城市常被人们通称为"苏锡常"，这三座城市都是地级市，分别拥有数百万至近千万人口，2013 年三城经济总量接近 2.6 万亿元人民币，合起来远超北京和上海。

苏锡常总人口占全省人口的比例为 18.1%，GDP 却占全省总量的 43.8%。三座城市相互间距离只有三四十公里，这在中国城市群中极为罕见。按照城市规律，一般城市之间尤其是发达城市之间是不会挨得如此紧密的，造成这种现象的主要原因就在于苏常之间的无锡的崛起。

一、挣脱行政羁绊的崛起

苏锡常都有着悠久的发展历史。苏州古城建于汉代，无锡设县是在汉代，常州建城设县也是在汉代。由此可见，汉代刘邦一统天下之后，建立郡县两级的地方管理体制，苏锡常三地都已达到建县标准，因此，都被设立为县。相比前朝，秦始皇统一六国后，开国建制的诸多繁冗，以及习惯上以黄河流域为核心的传统，使其无暇顾及遥远的南方。所以，他在吴越之地设置了会稽郡，将浙江地区通通划入该郡。直至秦皇朝灭亡，也未作进一步调整。西汉建县时，只有无锡延续了秦朝大将王翦所起的地名①，立为无锡县。常州当时名为毗陵县，苏州则名为吴县。

然而，苏锡常后来的历史却大不相同。

苏州的辉煌与秦朝的州府设置有关。秦始皇设立会稽郡，管辖东南区域，会稽郡的管理机构设在吴县，自秦以下，苏州始终是郡府所在地，到隋朝时"会稽"才改称"苏州"。唐代，苏州是江南道所在地；宋代，苏州又是平江路②与平江府的所在地。明代时设立苏州府，后期成为应天府巡抚驻扎地。清代康熙年间，苏州成为江苏巡抚、布政使的驻地，相当于今天的省会。民国

---

① 《东周列国志》载，战国末年，锡矿采尽，秦始皇大将王翦率军攻克毗陵后，驻兵锡山，埋锅造饭，挖到一块石碑，上镌"有锡兵，天下争；无锡宁，天下清"字样，王翦故以"无锡"命名此地。

② "路"，是宋元时期的行政区域名。宋代分天下为若干路，路下辖府、州、军、监、县等，级别相当于明清时期的省。元代的路，上隶于行中书省，下辖州、县，相当于明清时期的府。

初期苏州也曾为江苏都督的驻地。

常州,也有不凡的历史。东汉后期的三国时期,常州就已成为统辖诸县的上级政府派出机构所在地——毗陵典农校尉驻地。典农校尉分管屯田垦殖并统管诸县,其中也包括无锡西面的大片土地。至西晋太康年间,朝廷正式建立毗陵郡,统辖丹徒、曲阿(今丹阳)、武进、延陵、毗陵、暨阳(江阴、张家港西部)、无锡 7 县,规模上属江南大郡。明朝正德年间所创设的江南重要驿站——毗陵驿就设在常州古运河的北岸。全盛时期,毗陵驿拥有驿马 46 匹,战船 15 只,水手 123 人,马夫 29 名。乾隆南巡途经常州时,有两次就是从毗陵驿码头登岸进城的。

西晋末年,五胡乱华,晋室南渡,于建康(南京)建都,许多贵族豪门流散于建康附近,其中有大量士族迁入毗陵郡,毗陵也因此改名为晋陵。当时境内还设有兰陵郡、东莞郡,均为西晋贵族在北方的封地名称,移设于此,既是对往时祖居旧地的追念,也是对家族复兴的期冀。东晋灭亡后,这些地名被全部废除。隋朝正式将毗陵郡改为常州,常州府也搬回了晋陵老城。此后,虽名称偶有变动,但"常州"之名一直沿用了 1400 年。唐代,地处江南的常州府已是全国十大"望府"之一。元代,机构设置改府为"路",常州路下辖晋陵、武进二县和宜兴、无锡二州。清朝雍正四年(1726 年),从武进县分出阳湖县,从无锡县分出金匮县,从宜兴县分出荆溪县,加上原有江阴、靖江两县,常州府统辖 8 县,被称为"中吴要辅,八邑名都"。

可见,历史上的苏州、常州都是州府乃至更高级别的城市,无论苏州演变为怎样的大都市,繁华富庶,风雅精致;也无论常州如何沿着耕读传家的路子款款而行,没有华美的城市而一路平平,但历史上苏州、常州都是地位高于无锡的城市。

因为东、西两侧苏、常的存在,无锡被牢牢限定在一个县制的层级,这个级别成为无锡发展的桎梏。古代设立府级城市的原则是,州府与州府之间车马跑两天的距离,按今天计量单位约 100 公里。古代江南有南京、镇江、常州、苏州、松江和太仓等几个府州级城市。站在今天的视角考察古代州府设置,可发现情况基本如此。

地处苏州和常州之间的无锡，与两边距离都达不到要求，设为州府显然没有充分理由。因此，在后世近 2000 年的时空中，无锡只能屈居为县。这种城市级别和格局为城市带来的文化影响是深刻的，甚至决定了城市的样貌和风气。繁华安逸的苏州留下了诸多精美典雅的私家园林，棋盘式城市格局，以采芝斋、乾生元为代表的休闲食品以及充满风花雪月意味的昆曲评弹；质朴无华的常州，秉持着耕读传家、诗礼传家的传统。作为县制的无锡，民性灵活，日子安逸，生活水平直逼苏、沪，以酱排骨、肉面筋、鲜肉小笼、三鲜馄饨为代表的美食透露出富足殷实的生活气息，但卑微的政治身份、浓郁的平民风气和重要的经济枢纽地位形成了难以调和的矛盾，也使无锡凸显出与众不同的民风，出现了挣脱行政束缚的征兆。

与传统儒家文化中轻视经商的观念不同，无锡从来都不轻视工商，且显示出义利兼顾的价值取向。无锡人的口语中常有"交易"一词，其含义颇为丰富，出现于何时也难以深究，但"交易"一词常被用来考量一个人有无能耐，一件事是否可为，一桩生意值不值得做，一位客人是否值得交往。总之，在无锡人嘴里，"交易"的含义等同于"价值"一词。民间的口语在不经意间透露出了无锡文化中功利务实的思想和重视工商实利的民风，而这正成为了无锡日后积极变革的内在原因。

引发变革的直接导火索是 19 世纪中叶开始发生在中国的一系列政治事件。1843 年，根据清政府与英国签订的《南京条约》，上海被迫成为允许外国人居住和开办企业的通商口岸。地位与无锡类似、濒临海洋的上海县，一夜之间成了西方冒险家的乐园和新贵的名利场。接着，横卷半个中国的太平天国运动，给江南延续千年的安逸繁华以最沉重的打击。这场动乱让安逸富庶的江南沦为一片血腥战场，废墟无数，人口锐减。仅苏州一府"实在人丁"就从 340 多万降至 128 万。地主与士绅们只得带着世代积累的财富，避难上海。他们不仅转移了财富，也促使江南的中心地位向上海偏移。

旧时代的衰落，新时代的崛起，精明的无锡人看到的不只是乌篷船的飘摇和江南的动荡。他们也看到了传统农商时代的结束和工商业时代的开始。中国近代民族工业的先驱、著名的实业家杨宗濂、杨宗瀚兄弟，荣德生、荣宗敬兄弟,周舜卿、祝大椿,以及许许多多无锡人开始了他们的创业之旅。数十年间,无锡形成了棉纺织业、缫丝业、面粉加工业三大支柱产业,区区小县一下成了江南的工商业重镇。经济的转型不仅改变了无锡的经济格局,也改变了传统的生产和生活方式。

穿越无锡城区的古运河,见证了小城崛起的那段辉煌的历史,当年,运河两岸布满了工商企业,从业勤纱厂、茂新面粉厂到永泰丝厂。为了运输方便,几乎所有的企业都建在河边,运河无锡段成为江南地区最繁忙的河段之一,船来船往昭示了商贸活动的繁兴。古来"米码头"、"丝码头"、"布码头"、"钱码头"在近现代再次爆发出惊人的活力。经济的活跃使得无锡的经济活跃指数直逼上海,在全国非通商口岸城市中,无锡的轻工业发达指数全国第一。

二、在超越中发展前行

冲破行政桎梏的机会终于来了,无锡终于等到了这个机会。

江南的稳定发展,带来富庶繁荣的同时,还带动了人口的快速增长,地少人多的矛盾日益突出。富余劳力开始以副业补贴生活,做买卖,学手艺,跑码头,拉生意,成为农民农田之外的副业。无锡人多田少的矛盾最为突出,所以副业起步也最早。无锡城北的大运河边,逐渐形成了交易集市,南来北往的商船在此云集,甚至超过了官办的常州毗陵驿大码头。鸦片战争的失败带来了码头的对外开放,上海朝着大都市方向蓬勃发展起来,无锡也借助运河的通达趁势而为,成为著名的布码头、丝码头和四大米市之一。致富的渴望、灵活的头脑、生意场上的实践,富裕的人力储备和资金储备,使小城无锡在即将破晓的新经济文化时代到来之前,率先彰显出夺目的光彩。

值得庆幸的还有,在太平天国的动乱中,无锡没有经历苏州、常州那样的惨烈,经济也没有太平天国重量级人物驻守掠夺而受到苏、常那样的重创,因此可以从容地为后世的发展创造条件和选择机会。在太平天国的硝烟里,杨宗濂兄弟和东乡华翼纶各自拉起了一支军队——"团练"。其职能是保护地方的生命财产。但因清廷第二主力淮军战区为上海、苏锡常一带,地方团练遂与淮军统帅李鸿章有了密切联系。李鸿章之弟李鹤章常驻无锡，无锡成为淮军采办军需的重要基地，看似寻常的一件事，然而这场战争引发的贸易却导致大批无锡人卷进了时代的大潮，成为推动小城快速崛起的重要因素之一。

无锡突破县城建制，完成城市升级，是在新中国建立之后。

1949 年 4 月 23 日，无锡解放。新政权把无锡划分为无锡市和无锡县，无锡县下辖三个指导区，拥有百余万人口。无锡市成为苏南行政公署驻地。当时江苏地域划分为苏南行政区、苏北行政区和南京特别市三个行政区域。苏南行政区为省级建制，下辖无锡、镇江、武进、苏州、松江 5 个行政分区和 27 个县。无锡不仅荣升地级城市，还一下子成了苏南地区的首府。

1953 年，苏南、苏北和南京三个地区合并，建立了江苏省。无锡市归于普通省辖市，结束了短暂的省会城市的历史。当时的城市规模，无锡市为 60 万人左右，苏州市 50 多万人，常州市 40 多万人，就人口论，无锡似乎一度是苏南诸城的大哥大。1983 年，江苏撤销专区实行市管县，苏州市划得苏州专区 6 县，无锡市划得苏州专区 2 县，镇江专区 1 县，常州划得原镇江专区 3 县。于是，拥有 600 多万人口的苏州又成了大哥，无锡人口为 400 多万，而常州只有 300 多万。无锡、常州地域面积相加大约等同苏州。

无锡在 20 世纪 50 年代初，成为苏南行政公署驻地，偶然中又隐藏着必然。首先是因为经济基础，民国排位第五的城市，新政权自然足够重视。此外，汉代以来无锡从未成为历代政权的中心，所以政治方面较为单纯。而地理条件也似乎更优越，无锡处于苏南各区域的中心位置，东南是苏州、松江，西北是常州、镇江，无锡居中而交通便利，位置得天独厚。从此开始，无锡摆脱了千年小县城的位置，得以与昔日上级的苏州、常州比肩而立。无锡经济的异军突起，终于让自己脱颖而出，不仅打破了传统城市等级的藩篱，也突破了城市与城市间距的约定俗成，创造了前所未有的城市圈景观。

从 2000 多年的县级小城到今天长三角城市群的重要城市，无锡崛起的历程充分展示了无锡人的勤奋、务实、智慧和开拓进取。如今，在新的高度上，无锡正在为建设一个现代化的、具有雄劲经济实力的滨水花园城市而努力。现代交通设施的建设，轻轨、城际快速、高速公路、高速铁路等，都将给无锡城市的更快发展带来新的动力。

第三节　和谐奋进的魅力之城

无锡历史悠久而活力依旧。虽然，曾为春秋时期勾吴古国政治中心的光焰，早已湮灭于历史的漫漫沙尘之中，但近代以来的快速崛起，又造就了无锡百年来新的辉煌。

在中国民族工商业发展的厚重史册上，无锡留下了其中最为璀璨夺目的篇章。小城无锡因此不仅完成了自身的华丽蜕变，也为中国民族工业的崛起做出了重要的历史贡献。改革开放之初，勤劳智慧的无锡人民创造了引领时代经济发展的"苏南模式"，经济社会持续快速发展，率先步入小康之路，并成为国务院"率先实现现代化的示范区"。20 世纪 80 年代，无锡就被列为"中国15 个经济中心城市"之一，90 年代，无锡再次入选国家 50 座重点城市，对国家的贡献力指数不断提高。

新世纪以来，无锡用自身的努力又赢得了无数新的光环："中国投资环境最优城市"、"最具创新力城市"、"最具国际生态竞争力的城市"、"亚太地区十佳外商投资战略城市"，并跻身"中国最宜居城市"、"中国最具发展前途"城市群。2003 年，无锡荣获中央电视台评选的"中国十大最具经济活力城市"；2005 年，无锡率先成为江苏全面实现小康社会建设指标的城市，并获得了"中国品牌经济城市"殊荣；2006 年，无锡获评"中国制造业十大最具竞争力城市"；2010 年，因为优美的自然环境和人均绿地指标位列江苏第一而获得"中国森林城市"的荣誉；2011—2012 年，无锡连续进入"中国宜居城市"排行榜，城市交通通畅指数、自然环境指数等位居前列；在 2013 年中国社科院公布的"宜居城市排行榜"中，无锡更是荣居内地城市第一位；2014 年 7 月，凤凰网将无锡列为"最具人才吸引力"九大城市第一位，"太湖明珠，工商名城"的赞誉可谓实至名归。

一、和谐精神构建魅力之城

无锡历来有着重商的传统,在经济发展中不断获得的巨大回报更促使这一传统的延续和弘扬。不过,在新一轮城市发展中,在经济高位发展的实践中,无锡人已然认识到文化之于城市发展的重要性,认识到文化是一座城市不可缺少的灵魂和内在支撑。一个城市的魅力,不仅在于强劲的经济活力、繁荣的市场,还有赖于精神文化的内涵支撑。独特厚重的文化是城市价值品位和特色风尚的重要体现。一方面,城市文化中的原生态文化应得以延续,优秀质素应得到弘扬;另一方面,在新文化生态的创新中也注意保持城市文化的异质和个性,从而提升城市的魅力和吸引力。现在,无锡的个性正在日益得到彰显,魅力已经初步得到绽放,城市生活的满意度空前提高。良好的城市形象已成为无锡的财富和无形资产,它使市民产生了强烈的自豪感和归属感,也有效提升了城市的文化魅力指数。2013 年,无锡被评为"福布斯2013 中国大陆最佳商业城市"第五位、"十大创新城市"、"中国内地宜居城市"竞争力第一名和"亚太十佳外商投资战略城市"。2014 年 7 月,凤凰网向全球公布了"全国最吸引人才的九座城市"①,江苏有无锡、苏州、南京三座城市入围,无锡位居九城第一位,这些充分说明了这座城市不断增长的魅力。

文化是一座城市的凝聚力和自信心的源泉,先进的文化犹如一面猎猎飞扬的旗帜,可以主导人们的思维,决定人们的行为模式和生活方式。早在2003 年,无锡经过一年半民间大讨论,最终将"尚德务实,和谐奋进"确定为城市精神。"城市精神"表述并非纯粹文学性的诗意表达,而在于为现代社会、经济、文化发展服务,并转化为推动社会全面发展的精神力量。

"尚德务实"反映了无锡悠久的历史文化传统和民风,借此,无锡人善抓机遇、精明强干的群体形象跃然而出。在新一轮竞争中,无锡要更快更好地

---

① 根据分数,入围城市依次为:无锡(10.6)、大连(10.7)、成都(11.7)、苏州(13.8)、南京(14.1)、杭州(14.7)、厦门(17.6)、重庆(17.8)、长春(18.3),评分指数越低越好。

发展,建设"大而强、美而富"的现代化城市,无疑需要继续张扬这种务实精神,脚踏实地将事业做大做强。而"和谐奋进"注重的是未来社会的发展,寄托了无锡人对未来发展目标和理想的追求。城市精神作为城市文化的本质的反映,是城市的生命和灵魂。

二、文化强市提升城市魅力

在经济、科技不断走强的背景下,2010 年年末,无锡在《关于制定"十二五"规划的建议》中明确提出了"文化强市"的战略目标,并描绘了未来五年无锡文化建设和产业发展的"线路图"。紧接着,无锡又发布了《关于加快文化产业发展的政策意见》,将文化建设提上政府议事日程。全面提升无锡的文化软实力已成为无锡发展的新目标。

无锡已进入后工业化时期,科学发展,以人为本,注重创新,是城市现代化的发展方向。在继续强调经济立市的同时,无锡希望通过"文化强市"战略加速城市现代化的进程和城市整体文化品位的提升。悠久的历史底蕴、浓郁的文化传统与强劲的经济活力交相辉映,使城市的魅力不断得到彰显。

"城市,让生活更美好。"建设经济繁荣、生态健康、和谐美好城市的理念一直激励着务实进取的无锡人。打造和谐魅力城市,成为无锡一项新的系统工程。历史留给无锡的丰厚文化遗产,是"文化无锡"的宝贵底蕴,是足以令无锡傲然于城市之林的深厚底气与强大资本。新世纪以来,历史文化遗产的保护被置于极为重要的位置,文化战略中清晰表述了"以吴文化为主线,以民族工商业为重点,以江南水乡、古运河为背景,以名人、名居、名园、名建筑等为主要内容,抢救、挖掘、保护、利用一批历史文化资源,逐步走出一条保护与利用、继承与创新有机结合、滚动发展的新路"的内容。2003—2013 年间,市区各级文保单位完好率达到 99%,惠山泥人、宜兴紫砂、无锡精微绣、留青竹刻、吴歌、锡剧等列入国家"非物质文化遗产"。惠山古镇、荣巷古镇、南长街清名桥、荡口古镇、巡塘古镇等一批古镇街区,以及锡金商会旧址、中国银行旧址、锡金钱丝两业会所旧址等一批民族工商业文物也得到修复。2014 年 5

月,大运河无锡段和其他各点成功申遗,列入联合国世界文化遗产。惠山古镇保留至今的118座祠堂,构成了全国密度最大、数量最多、历史最悠久、保存最完好的祠堂群落,因其独特的历史价值、文化价值和建筑价值,2013年被江苏省推荐列入国家文化申遗目录,申报世界文化遗产的工作正在积极推进中。

图6-2 惠山古镇祠堂

　　文化是城市现代化的内在根基,是城市的气质,而气质则可以转化为无穷魅力。经济的文化化,是当代社会经济发展的本质追求,作为经济强市的无锡,只有以文化增强城市的综合竞争力,促进文化与经济的融合,加快发展文化创意产业,提高文化服务能力,增加经济的文化含量,使文化产业成为新的经济增长点和支柱产业,才能在原有的经济基础上再上一层楼,成为文化经济和谐共进的现代化魅力城市。

图 6-3　形成于明代、华氏望族聚居的荡口古镇

三、多元推进城市和谐梦想

在 20 世纪两次大规模民族工商业崛起大潮中,无锡一直走在前列,表现出巨大的张力和活力;新世纪以来,在新一轮产业提升中,无锡又主动调整产业结构,率先探索产业转型,力促文化科技融合,走出了不平凡的发展轨迹。现代城市的魅力,就在于经济文化的集聚程度及其推动力量,从而促使城市文明程度不断提高。

城市发展的一个重要特征,就是环境更加宜人,民众生活幸福,经济繁荣,文化昌明。无锡的多个经济社会发展规划,字里行间都透露出对这一愿景的期冀,从 2005 到 2012 年,多元推进城市发展、构建美丽和谐梦想是推进城市新一轮发展的新动力。

2005 年,无锡率先实现全面小康社会之后,已由重点发展向优化发展转型,由工业化中期向后期跨越,由全面小康社会向基本现代化建设迈进。站在新起点上的无锡，以宽广的视野与更高的层次定位着自身发展的新目标：生态——建设生态文明先驱城市；科技——建设创新型经济领军城市；人才——建设科技创业家摇篮城市；文化——建设最富有人文特质的文化名城、最适宜创新创造的设计名城；民生——建设幸福和谐的首善城市。面对后危机时代的机遇与挑战，无锡努力抢占视域的制高点，其战略思维建立在继续优化环境、增进市民福祉上，鼎力打造美好和谐的城市未来。

人们意识到，一座现代城市的真正魅力不在于权贵云集、宝马香车、高楼林立，而在于能够实现科学发展，不断推进文明进步。无锡作为一个底蕴深厚而能兼收并蓄、开放创新的城市，善于埋头苦干而极少执着于思想的争锋，而在务实进取中将先进的思想理念付诸实践，实现城市历史上一次次的蜕变与提升。

2011年，无锡推出的《率先基本实现现代化行动纲要》这样描绘了无锡的未来："到2020年，在全省率先全面实现现代化。全市发展更科学，社会更和谐，文化更繁荣，生态更文明，人民更幸福，将无锡建设成为生态城、旅游服务城、高科技城、宜居城。"

"生态城"的定位，意味着无锡在未来要成为生态文明先驱城市，在未来的发展中将更加注重生态环境的保护，遵循发展低能耗、少污染、资源集约利用、生态功能安全、可持续的循环经济模式，实现社会与人口、资源、环境协调发展。所谓"高科技产业城"，即未来产业发展将更注重科技创新，强调自主知识产权和科技成果转化，注重高科技企业和创新型人才的集聚，以高新技术产业作为城市主导产业，向着具有较强国际竞争力的创新型领军城市的方向努力。"旅游与现代服务城"则要把无锡建设成为一个城市功能完整、集聚辐射能力强，服务经济发达，服务设施完善，文化特色鲜明，旅游产品丰富，具有良好知晓度、美誉度的旅游休闲名城。建设"宜居城"要求在已有成就基础上，向着更人性化的方向发展，不仅要求基础设施完善，内外交通便捷，城市安全整洁美观，居住环境优美，还要求政府廉洁高效，服务优良，市民各得其所，文明、平等、和谐相处，具有向善、包容、开放、务实、和谐的城市文化氛围，百姓充分享受现代化和自然资源带来的福祉，安居乐业，幸福安康。虽然此后无锡根据发展实际对率先基本实现现代化目标和举措有所调整，但无锡一直通过多元驱动,努力构建着新的城市梦想。

生态清淤,污水截流,退围还湖,动力换水,进行生态修复和湖岸整治,是无锡近年来在绿色生态文明建设上的一系列重大举措。生态文明是一种绿色的文化生态,是依靠自然、保护自然而又利用自然、人与自然和谐共生、互动共赢的可持续发展路径。无锡自 2008 年太湖蓝藻暴发区域性生态危机后,全市环保意识空前强化,众志成城,化"危"为"机",遵循生态发展规律,采取"治水"、"减排"、"增绿"、"和谐"的"八字方略",为锡城的生态修复写下了绚丽篇章。通过清淤截流、退田还湖、退城建园、动力换水、生态修复、湖岸整治和环湖林带建设等工程,自然环境明显好转,太湖、蠡湖、运河、梁溪河沿岸水清岸绿,"清波绿林抱锡城"的旖旎特色初现,"车在景中游,人在林中走"的诗情画意无处不在。无锡,这颗美丽的"太湖明珠"的光芒在人们的精心打磨下更加璀璨。

今天,置身精彩纷呈的时代,无锡正书写着一页页前所未有的全新的历史篇章,它的文化比历史上任何时候都具有更丰富的阐释,同时,它也将面临更多的机遇和挑战,在见证了历史的荣辱和沧桑之后,无锡将更和谐地走向美好的未来。

第四节　惬意诗性的美丽家园

无锡,这块美丽而富于灵性的土地,生机勃然,充满魅力,滔滔长江在它北面奔流东去,浩浩太湖在它南面流光溢彩,湖光山色,美景如织,城乡经济繁荣,世代人文荟萃。自然灵秀的生态文明,精耕细作的农业文明,包孕吴越的太湖文明,以及近代以来的工商业文明,尽致地造就着无锡悠久的历史,展示着江南水乡的富饶殷实和美轮美奂的"太湖明珠"的独具文化特征和底蕴。

新世纪以来,无锡逐渐摆脱了小农经济的形象,开始变得大气、诗性、美丽。城市建设充分体现了建设者的审美品位和设计思想,体现着对环境与美育功能关系的理解。"打太湖牌,唱运河歌,建山水城",将无锡建设成为惬意诗性的美丽家园和令人欣羡的山水人文城市——是无锡对未来城市建设的定位,也是对无锡城市文化历史地理特色的归纳和总结。"打太湖牌,唱运河歌,建山水城",建设现代化的滨水花园城市,"到 2020 年,在全省率先全面实现现代化。全市发展更科学,社会更和谐,文化更繁荣,生态更文明,人民更幸福,将无锡建设成为生态城、旅游服务城、高科技城、宜居城。"①这样的定位,不仅寄托着无锡人的城市发展理想,也是对人类社会发展终极目标的逼近,标志着无锡人城市建设和社会发展理念的重大转变。

一、迷人的城市"绿名片"

绿色,是无锡的天然色彩,如果说每座城市都有一种自己的主色,那么,无锡的色彩无疑是绿色的。温润的湖水、绵延的青山、宜人的气候环境,无锡有着天然的绿色优势。新世纪开局后的无锡,恰似尽情泼绿的画师,一大批绿地、广场、场馆、小区的相继竣工,使城市面貌异彩纷呈,为急速扩张的城市版图不断地增添着生花彩笔。无锡人以一种前所未有的姿态,出手不凡地播撒着一片片绿荫,为自己营造着美丽宜人的家园。

在打造城市形象的工程中,绿地和广场一起构筑了无锡城市最美丽的客厅。从某种意义上说,懂得美化城市、绿化城市,体现了一个城市对以人为本提高生存质量的深刻领悟。广场和大面积的绿地曾经是无锡的缺席者,所谓的"东方红广场"和老"东林广场"不过是两个普通的十字路口。2002 年伊始,胜利门、国联、东林这三个区的广场的正式竣工,可视为城市"泼绿工程"的里程碑,标志着城建理念的提升,无锡人开始更多考虑环境的因素。三个广场分布于市中心区,成为了盛开在城市版图上的三朵"春之花",吹响了"建山水城"的第一个优美乐章。三个广场分别占地 18000 平方米、7200 平方米、8200平方米,面积不算很大,但在黄金地段的中心区域,能够炸掉、拆除商业建筑,建设这样几块休闲绿地,在无锡城市建设史上是史无前例的壮举,也表现了

---

① 见 2011 年《无锡市率先基本实现现代化行动纲要》。

无锡文化品位的提升。

太湖广场是史无前例的超大型绿地广场，占地 60 多万平方米。形态奇谲的铜质浮雕、清逸俊秀的花卉图案、怡情隽永的自然之趣，令现代都市风情与江南绿意氛围相得益彰，不仅为山水城市创造了一个鲜明的标志物，也是以人为本思想在城市建设中的充分体现。如果将"太湖大道"比喻为城市的彩色腰带，那么"太湖广场"无疑就是镶嵌在城市文化版图上最璀璨耀眼的珠宝。

市民流连在时尚和谐、绿意丰盈的水木家园中，品味晨练的自在情致、享受诗意的休闲空间，或徜徉于琳琅满目的商业圈，或忘情于趣味横生的亲子游戏，在自然谐趣与人工精巧的完美结合中，纵享和谐清嘉之诗境。

种绿护绿、美化锡城，营造美好人居环境，已成为锡城建设者的共识，走进太湖新城，仿佛走入一座庞大的绿色园林。几年来，锡城围绕实现生态园林型城市为目标，推进城市绿化、美化和加强生态环境保护建设，加大城市绿化工程建设，一座山明水秀的锦绣名城再次焕发夺目的风情魅力，无锡人也在绿色中对城市未来有了更多的期待和畅想。

如今的无锡，每条新建街道都辅以大板块的公共绿地，市民出门不远就可以享受到成片的绿树、丛花与碧草，外出健足的人们成了最大的受益者。一个人与环境和谐发展的城市绿化和生态环境系统正在锡城逐渐成形，生活在这里的无锡人越来越真切地触摸到满目葱茏的生活。

二、诗意的城市"水名片"

"水"既是无锡的自然特色，也是无锡的文化名片。无锡因水而生，因水而兴，因水而荣，和水与生俱来的紧密关系，使无锡人如湖水一般温润平和，也如水一般智慧、灵动、通达，浩浩渺渺的太湖，既滋养了无锡的文化，也孕育了无锡的民性。

图6-4 无锡城市水名片——生态蠡湖风光

无锡的"水"，是天下最美的"水"之一。在重塑城市形象、打造城市名片的宏伟工程中，人们一致认为，无锡有着得天独厚的自然山水资源，应该让沿太湖的"滨水区"成为城市的新亮点，在城市未来的建设发展中应充分展示锡城"滨水"特色，发扬"滨水"优势，真正体现"打太湖牌，唱运河歌"的内涵。

世界上许多文明都起源于河域，灿烂于水滨，"逐水而居"是人类追求生活质量的本能。西方现代著名学者海德格尔曾说，人应该"诗意地栖居"。在城市不断的扩展中，城市中心不断滨水南移，"蠡湖新城"、"滨湖新城"相继形成，城市更多地浸润于湖光水色之中，从而更清晰地凸现出山水城市、旅游城市的特色和江南"水文化"的无穷韵味。

雄伟的蠡湖大桥飞架蠡湖南北，将天堑变为通途。蠡湖两岸，当初荒草萋萋、鱼塘杂乱的湖滩，如今已变成风光优美宜人的风景游览区。阳光下，游客络绎不绝，众口啧啧称美。那儿一年四季花簇似锦，柳绿桃红，堤岸逶迤，山光水色，景色宜人。渔父岛、渤公岛、鸥鹭岛、凤凰岛等新开发的岛屿，清新中蕴含着浓郁的人文气息。岸边，立体的绿化、花坛的设置，花形色彩的搭配，空间的布局与设计，都充分考虑到了四时的互补和审美的情趣。大型的开放式公园——蠡湖公园越来越强烈地吸引着八方的游客,草木中、假山里、幽径间,这里处处能让人感受到一种自然与人文相融的熏染。暮霭中,夕阳下,余晖脉脉,青山隐隐,"蠡湖之光"景观湖面的大型高喷,在现代渔帆、渔船造型的映衬下,喷涌变幻出各种喷泉的造型,中心的那支直射云天达150米高的水柱向世人真实地展呈着无锡人奋进不息的理想。好一幅美丽氤氲而大气的水墨画。

图6-5　惬意而诗意的湿地水岸休闲生活

湿地,作为蓄水防洪的天然海绵,具有湿润气候、净化环境的功效,在维持生态系统平衡中扮演着重要角色,被美誉为"地球之肾"。丰富的湿地资源曾使无锡由水患频发的洋洋泽国蜕变为物产丰饶的鱼米之乡。2011年10月,第二届中国湿地文化节暨亚洲湿地论坛在无锡成功举行,无锡人弘扬悠久湿地文化的先进理念、保护湿地生态的矢志不渝,再次引起世界关注。

无锡目前已完成多项湖滨湿地保护与修复工程,包括梁鸿湿地、长广溪湿地、十八湾湿地、贡湖湾湿地等20多座主题各异的湿地公园,不仅再现了"蓝风吹皱碧水晶"、"千顷蒹葭十里洲"(明僧大善《蒹葭里》)的诗性图景,为城市建设增添一道水天一色的风景线,同时惠及市民,成为人们假日游憩的理想去处。

雨果曾说:"注入人类家园的每一条细流都不再是自然之物,它的每一滴水珠都折射着文明之光。"拥有 6000 多年文明史和 3000 多年城建史的无锡，一盏盏千古不灭的文化之灯在薪火相传。无锡人一向自豪于坐拥太湖佳绝处的美丽风光，不仅在利用和开发自然资源方面成就了许多得意之笔，如灵山景区、城市广场、影视基地、蠡湖新城、太湖新城等；在凸现城市气质，营造文化氛围，构建城市个性特色方面，也更为强调精神性、文化性、娱乐性的多元需求，探索江南水乡特色与现代化都市的融合，追求城市建设审美效果的最大化。

三、鲜亮的文化新名片

无锡早在 2005 年就已步入小康，2013 年人均 GDP 达到 20448 美金，人均贡献力仅次于新兴城市深圳，这为锡城文化建设、文化创意产业发展的快速崛起提供了坚实基础。近年来，无锡着力转型发展，优化产业结构，鼎力发展文化创意产业，国家动画产业基地、国家动漫游戏产业振兴基地和中国工业设计园相继落户无锡，拉开了本土创意产业加速发展的序幕，也为城市文化建设注入了新的内容与活力。

更多独特的文化内涵从不同层面得到发掘与彰显。"运河绝版地，南长水弄堂"的水乡风情使无锡成为一道江南民俗风情的流动画廊；"太湖佳绝处，毕竟在鼋头"为这座灵动智慧的城市赢得"太湖明珠"的美誉。无锡作为上海的后方基地和山水后花园，不断发掘历史文化资源，着力打造"太湖美景精品、文化旅游名品、度假休闲新品"，计划把旅游休闲产业作为国民经济的支柱产业，按照"旅游即城市"的目标将无锡打造成"最适宜旅游度假的休闲名城"，这对于提升城市经济总量和地域文化品位具有重要作用。

灵山胜境文化公园的开发建设，是无锡宗教文化和旅游文化的一大手笔。它坐落于山清水秀、风景宜人的马山太湖国家旅游度假区，距无锡市区17 公里，规模庞大，气势恢宏。早在唐代，这里就建有祥符禅寺，处马迹山之幽境,"昔人施荒丘,作寺灵山址"①,后来宋、元、明、清几代经过增修,遂成规模,达"优钵花开西域种,浮屠法演上乘禅"②之境。1997年11月15日,无锡人投资兴建的88米大佛建成开光,正式昭示着灵山胜境的最终落成,佛、法、僧三宝汇集,天、地、人三才毕备。这座世界上最高大的露天青铜佛像,在山光水色的衬托之下,真可谓"万顷湖光摇佛殿,四围山色落僧房"③,正是借太湖灵山福地之因缘际会,成江南佛教之名胜丛林。灵山胜境,打造了一个和谐、庄严、恢宏的佛国圣地,成为许多现代人休闲观光的好去处,也寄托了人们冀盼百业繁荣、民生祥和的美好愿望。

图6-6 富丽华美、被誉为"东方卢浮宫"的灵山梵宫

---

① (明)钱孝:《题灵山刹》,史庭惠、杨希伟《小灵山》"附录",古吴轩出版社1999年版,第141页。

② (明)蔡昇:《题祥符寺二首》其一,史庭惠、杨希伟《小灵山》"附录",古吴轩出版社1999年版,第130页。

③ (明)朱鲁:《游祥符寺》,史庭惠、杨希伟《小灵山》"附录",古吴轩出版社1999年版,第130页。

图 6-7 无锡国家数字电影产业园

图 6-8 无锡国家数字电影产业园

在城市文化品牌打造的过程中,无锡形成了"一基地、多园区"的动漫产业布局,慈文动画、亿唐动画、广新影视等多家公司崭露头角,产能、产量高居江苏省榜首。随着影视行业的风生水起,务实进取的无锡人不断开拓创新,致力于打造以创意为核心、以文化为灵魂、以科技为支撑的时尚先锋。坐落于无锡的央视影视基地,拥有唐城、三国城、水浒城三大景区,是中国第一家集影视制作和文化旅游两大功能于一体的影视旅游胜地,许多脍炙人口的影视作品就是在这里拍摄而成。其规模宏大的人造文化景观、得天独厚的自然风光和齐全的影视拍摄功能等,吸引了众多海内外的剧组和游客。钟灵毓秀的无锡因为拥有了朝气盎然的影视产业将更加熠熠生辉。山水之美丽,影视之魅力,在这里完美融合,走向和谐统一,今天的人们提供精神与文化的大餐。

图6-9　壮美而灵动的无锡大剧院

作为无锡打造文化产业的旗舰之举,水上艺术殿堂——无锡大剧院的落成,以其无与伦比的精湛美观、高雅悠久的太湖美文化,成为无锡建设历史文化名城的里程碑。新颖独特的建筑美学令剧院犹如盛开在水畔的奇葩,静伏在亲水之畔的处子。经典雄奇的歌剧魅影、声情并茂的传奇演绎、奇妙梦幻的光影魔术,让人们自如穿梭在中西文化交互之旅,成为呈献给市民最好的礼物。江南美丽的灵山秀水,与这座意蕴丰厚的艺术建筑相合相契,为诗意旖旎的江南风情带来了些许硬朗和风骨,使其阴柔之中多了几分雄壮,给人别具一格的审美感受。

在鳞次栉比的现代化楼群中,无锡有了更多的"文化门庭"供百姓出入,增添着这座城市的书香气息。随着太湖南广场市图书馆大楼的崛起,古运河畔茂新面粉厂原址的复现,历史名人故居和古街园林的修缮和开放,各类大众娱乐中心、品牌影城的竣工,无锡悠久的民族工商历史脉络在这里被还原、定格与传承,在经济与文化交相辉映、互动共荣中,一个现代、发达、美好的"文化无锡"就在眼前。而且绚烂的文化网络还更为广阔地延伸到了无锡的城郊与乡村,各乡镇、社区都可以看到高标准建设的文化站、图书室。无锡人懂得利用现代化的文化设施为载体,引进多项国内外高雅文艺演出等文化活动,使市民文化娱乐将更加丰富多彩。通过现代市场组织形式和营销方法,无锡已形成满足全市、辐射周边的文化娱乐产业群体,通过打造历史人文景观、人文旅游新干线,大幅提升全市文化消费增长指数,以此形成文化与旅游相结合的新格局。

随着市图书馆、人民大会堂、市群众艺术馆、书城、影城、新体育馆、无锡美术展馆等一批标志性文化设施的建成,无锡城市文化硬件建设已经跨上了一个全新的台阶,形成了现代大都市应具的大文化硬件构架。在这样的硬件基础上,无锡的文化艺术活动也多姿多彩、精彩纷呈。2000年以来,无锡成功举办了第六届中国艺术节无锡分会场、全国舞蹈比赛、第六届中国合唱节、中国金鸡百花电影节,太湖国际民乐节等大型节庆活动。这些在国内外有声势、有影响的重大艺术活动,不仅扩大了无锡的影响力,也有效地提高了无锡的城市品位和知名度,让世界更了解无锡。目前,无锡的群众文化、文化市场和广场文艺已成为城市文化的一道亮丽的风景线,较为鲜明的地方特色,较为广泛的群众参与度,都显示着城市建设和文化建设互动所产生的良好影响。

被誉为"太湖一枝梅"的锡剧①,语言质朴、曲调优美,轻吟着无锡人乐活

---

① 得名于叶圣陶赞美锡剧所作诗:"太湖一枝梅,蓓蕾土中埋。春风伏地起,红花向阳开。"

自在的惬意生活与通达圆润的精神禀赋；惠山泥人因其独特的美学价值享誉海内外，折射出无锡人憨实开豁、雅俗共赏的审美情趣。可以想见，在秀色可餐、风景如画的太湖之滨，人们置身于江南古建厅堂中品茗吟作，在重山叠翠的古村落中，揽湖滨之盛，观四季似春若画，闻花卉果木清香遍野，夕阳西下时，亦可泛舟太湖，赏霞光、水色、帆影，该是多么高雅、怡情的精神享受。无论是游人，还是当地人，都会沉浸在这片山水绮丽的乡土、惬意诗性的美丽家园，充分感知物质上的享受、精神上的满足、文化上的启迪。

"江南文化始泰伯，吴歌如海源金匮"。无锡，这座美丽的现代化的滨水花园城市，跌宕起伏风云际会的悠久历史、灵秀美丽的自然资源、浩瀚太湖和通达运河，不仅养育了无锡人灵动智慧的禀赋、广纳百川的胸襟和善于开放吸纳、融合创新的品格，且凭借得天独厚的文化资源形成了自己敏于发现、勇于创业、善于经营、精于运作的鲜明的工商文化个性。这种独特而鲜明的文化与吴地的崇文重教、清嘉民风、隽永乡情相融相会、交织一体，成为推动无锡经济文化发展的重要动力。

渗透于无锡城市文脉中的主流文化，无疑是发轫于吴地文化、孕育于水文化的工商文化，它重视工商却并不流于庸常，它灵活机智善于转向而又步履稳健，它务实进取而能审时度势把握机遇，它善于经营大胆求利而又不拘泥于眼前利益，它重视效益却又能超越物质层面而做到义利兼顾，它既趋利求实且又乐于奉献社会，它既谨慎迈步又大胆创新，在不断地创造中吸纳创造，刷新自身、提升自我，从而历经岁月冲刷荡涤而仍然生命蓬勃、魅力四射、活力依旧。在当今无锡重振产业雄风，奋力建设"经济强、百姓富、环境美、社会文明程度高"的新无锡的伟大实践中，这种含金量、价值度极高的工商文化不仅成为无锡城市精神的主要支撑，也将继续成为推动城市发展的内在动能，并在未来的发展中绽放出更加绚丽夺目的光彩。

后记

　　为深入贯彻落实党的十八大和十八届三中、四中、五中全会精神，习近平总书记系列重要讲话精神，特别是视察江苏重要讲话精神，推动江苏文化建设迈上新台阶，由省社科联牵头，各省辖市社科联组织联系相关专家学者，历时近两年，编撰《江苏地方文化名片丛书》。丛书以省辖市为单位，共分13卷，每卷重点推出该市一张具有代表性的文化名片，全面阐述其历史起源、发展沿革、主要内容和当代价值等，对于传承江苏地方文化精粹，打造江苏地方文化品牌，塑造江苏地方文化形象，具有积极的推动作用。

　　省委常委、宣传部部长王燕文高度重视丛书的编撰工作，担任丛书编委会主任，给予关心指导，并专门作序。省委宣传部副部长双传学，省社科联党组书记、常务副主席刘德海，党组副书记、副主席汪兴国，党组成员、副主席徐之顺担任编委会副主任。各市市委常委、宣传部部长和省委宣传部理论处处长李扬担任编委会委员。刘德海担任丛书主编，全面负责丛书编撰统筹工作，汪兴国、徐之顺担任丛书副主编，分别审阅部分书稿。省社科联研究室原主任崔建军担任丛书执行主编，具体负责框架提纲拟定和统稿工作。陈书录、安宇、王健、徐宗文、徐毅、朱存明、章俊弟、尹楚兵、纪玲妹、许建中、胡晓明、付涤修、常康参与丛书统稿。省社科联研究室副主任刘西忠，工作人员朱建波、李启旺、孙煜、陈朝斌、刘双双等在丛书编撰中做了大量工作。

　　《无锡工商文化》卷由中共无锡市委常委、宣传部部长王国中担任主编并作序，李祖坤、庄若江担任副主编，无锡市社科联组织专家编撰。由庄若江主笔，吴歌、俞丽红、彭金金、姜祥男等撰写初稿，李祖坤担任审读并提出修改意见，本卷图片主要由吴歌拍摄和提供。

省新闻出版广电局、各市委宣传部、市社科联对丛书的编辑出版工作给予了大力支持。值此,谨向各有关部门、专家学者和南京大学出版社表示衷心的感谢!由于时间较紧,编撰工作难免疏漏,恳请批评指正。

2015 年 12 月